U0576832

与学生谈他人教育

《"四特"教育系列丛书》编委会　编著

吉林出版集团股份有限公司
全国百佳图书出版单位

图书在版编目 (CIP) 数据

与学生谈他人教育／《"四特"教育系列丛书》编委会
编著 . —长春：吉林出版集团股份有限公司，2012.4
（"四特"教育系列丛书／庄文中等主编 . 与学生谈生
命与青春期教育）
ISBN 978-7-5463-8650-8

I . ①与… II . ①四… III . ①教育理论－青年读物②教育
理论－少年读物 IV . ① G40-49

中国版本图书馆 CIP 数据核字（2012）第 044107 号

与学生谈他人教育

YU XUESHENG TAN TAREN JIAOYU

出 版 人	吴 强
责任编辑	朱子玉 杨 帆
开 本	690mm×960mm 1/16
字 数	250 千字
印 张	13
版 次	2012 年 4 月第 1 版
印 次	2023 年 2 月第 3 次印刷

出 版	吉林出版集团股份有限公司
发 行	吉林音像出版社有限责任公司
地 址	长春市南关区福祉大路 5788 号
电 话	0431-81629667
印 刷	三河市燕春印务有限公司

ISBN 978-7-5463-8650-8 定价：39.80 元

前　言

　　学校教育是个人一生中所受教育最重要组成部分，个人在学校里接受计划性的指导，系统地学习文化知识、社会规范、道德准则和价值观念。学校教育从某种意义上讲，决定着个人社会化的水平和性质，是个体社会化的重要基地。知识经济时代要求社会尊师重教，学校教育越来越受重视，在社会中起到举足轻重的作用。

　　"四特教育系列丛书"以"特定对象、特别对待、特殊方法、特例分析"为宗旨，立足学校教育与管理，理论结合实践，集多位教育界专家、学者以及一线校长、老师们的教育成果与经验于一体，围绕困扰学校、领导、教师、学生的教育难题，集思广益，多方借鉴，力求全面彻底解决。

　　本辑为"四特教育系列丛书"之《与学生谈生命与青春期教育》。

　　生命教育是一切教育的前提，同时还是教育的最高追求。因此，生命教育应该成为指向人的终极关怀的重要教育理念，它是在充分考察人的生命本质的基础上提出来的，符合人性要求，是一种全面关照生命多层次的人本教育。生命教育不仅只是教会青少年珍爱生命，更要启发青少年完整理解生命的意义，积极创造生命的价值；生命教育不仅只是告诉青少年关注自身生命，更要帮助青少年关注、尊重、热爱他人的生命；生命教育不仅只是惠泽人类的教育，还应该让青少年明白让生命的其它物种和谐地同在一片蓝天下；生命教育不仅只是关心今日生命之享用，还应该关怀明日生命之发展。

　　同时，广大青少年学生正处在身心发展的重要时期，随着生理、心理的发育和发展、社会阅历的扩展及思维方式的变化，特别是面对社会的压力，他们在学习、生活、人际交往和自我意识等方面，都会遇到各种各样的心理困惑或问题。因此，对学生进行青春期健康教育，是学生健康成长的需要，也是推进素质教育的必然要求。青春期教育主要包括性知识教育、性心理教育、健康情感教育、健康心理教育、摆脱青春期烦恼教育、健康成长教育、正确处世教育、理想信念教育、坚强意志教育、人生观教育等内容，具有很强的系统性、实用性、知识性和指导性。

　　本辑共20分册，具体内容如下：

　　1.《与学生谈自我教育》

　　自我教育作为学校德育的一种方法，要求教育者按照受教育者的身心发展阶段予以适当的指导，充分发挥他们提高思想品德的自觉性、积极性，使他们能把教育者的要求，变为自己努力的目标。要帮助受教育者树立明确的是非观念，善于区别真伪、善恶和美丑，鼓励他们追求真、善、美，反对假、恶、丑。要培养受教育者自我认识、自我监督和自我评价的能力，善于肯定并坚持自己正确的思想言行，勇于否定并改正自己错误的思想言行。要指导受教育者学会运用批评和自我批评这种自我教育的方法。

　　2.《与学生谈他人教育》

　　21世纪的教育将以学会"关心"为根本宗旨和主要内容。一般认为，"关心"包括关心自己、关心他人、关心社会和关心学习等方面。"关心他人"无疑是"关心"教育的最为重要的方面之一。学会关心他人既是继承我国优良传统的基础工程,也是当前社会主义精神文明建设的基础工程,是社会公德、职业道德的主要内容。许多革命伟人,许多英雄模范,他们之所以有高尚境界,其道德基础就在于"关心他人"。本书就学生的生命与他人教育问题进行了系统而深入的分析和探讨。

3.《与学生谈自然教育》

自然教育是解决如何按照天性培养孩子,如何释放孩子潜在能量,如何在适龄阶段培养孩子的自立、自强、自信、自理等综合素养的均衡发展的完整方案,解决儿童培养过程中的所有个性化问题,培养面向一生的优质生存能力、培养生活的强者。自然教育着重品格、品行、习惯的培养;提倡天性本能的释放;强调真实、孝顺、感恩;注重生活自理习惯和非正式环境下抓取性学习习惯的培养。

4.《与学生谈社会教育》

现代社会教育是学校教育的重要补充。不同社会制度的国家或政权,实施不同性质的社会教育。现代学校教育同社会发展息息相关,青少年一代的成长也迫切需要社会教育密切配合。社会要求青少年扩大社会交往,充分发展其兴趣、爱好和个性,广泛培养其特殊才能,因此,社会教育对广大青少年的成长来说,也其有了极其重要的意义。本书就学生的生命与社会教育问题进行了系统而深入的分析和探讨。

5.《与学生谈创造教育》

我们中小学实施的应是广义的创造教育,是指根据创造学的基本原理,以培养人的创新意识、创新精神、创造个性、创新能力为目标,有机结合哲学、教育学、心理学、人才学、生理学、未来学、行为科学等有关学科,全面深入地开发学生潜在创造力,培养创造型人才的一种新型教育。其主要特点有:突出创造性思维,以培养学生的创造性思维能力为重点;注重个性发展,让学生的禀赋、优势和特长得到充分发展,以激发其创造潜能;注意启发诱导,激励学生主动思考和分析问题;重视非智力因素。培养学生良好的创新心理素质;强调实践训练,全面锻炼创新能力。本书就学生的生命与创造教育问题进行了系统而深入的分析和探讨。

6.《与学生谈非智力培养》

非智力因素包含:注意力、自信心、责任心、抗挫折能力、快乐性格、探索精神、好奇心、创造力、主动思索、合作精神、自我认知……本书就学生的非智力因素培养问题进行了系统而深入的分析和探讨,并提出了解决这一问题的新思路、可供实际操作的新方案,内容翔实,个案丰富,对中小学生、教师及家长均有启发意义。本书体例科学,内容生动活泼,语言简洁明快,针对性强,具有很强的系统性、实用性、实践性和指导性。

7.《与学生谈智力培养》

教师在教学辅导中对孩子智力技能形成的培养,应考虑智力技能形成的阶段,采取多种教学措施有意识地进行。本书就学生的智力培养教育问题进行了系统而深入的分析和探讨,并提出了解决这一问题的新思路、可供实际操作的新方案,内容翔实,个案丰富,对中小学生、教师及家长均有启发意义。本书体例科学,内容生动活泼,语言简洁明快,针对性强,具有很强的系统性、实用性、实践性和指导性。

8.《与学生谈能力培养》

真正的学习是培养自己在没有路牌的地方也能走路的能力。能力到底包括哪些内容?怎样培养这些能力呢?本书就学生的能力培养问题进行了系统而深入的分析和探讨,并提出了解决这一问题的新思路、可供实际操作的新方案,内容翔实,个案丰富,对中小学生、教师及家长均有启发意义。本书体例科学,内容生动活泼,语言简洁明快,针对性强,具有很强的系统性、实用性、实践性和指导性。

9.《与学生谈心理锻炼》

心理素质训练在提升人格、磨练意志、增强责任感和团队精神等方面有着特殊的功效,作为对大中专学生的一种辅助教育方法,不仅能够丰富教学内容,改革教学模式,而且能使大学生获得良好的体能训练和心理教育,增强他们的社会适应能力,提高他们毕业之后走上工作岗位的竞争力。本书就学生的心理锻炼问题进行了系统而深入的分析和探讨。

10.《与学生谈适应锻炼》

适应能力和方方面面的关系很密切,我认为主要有以下几个方面:社会环境、个人经历、身体状况、年龄性格、心态。其中最重要是心态,不管遇到什么事情,都要尽可能的保持乐观的态度从容的心态。适应新环境、适应新工作、适应新邻居、适应突发事件的打击、适应高速的生活节奏、适应周边的大悲大喜,等等,都需要我们用一种冷静的态度去看待周围的事物。本书就学生的社会适应性锻炼教育问题进行了系统而深入的分析和探讨。

11.《与学生谈安全教育》

采取广义的解释,将学校师生员工所发生事故之处,全部涵盖在校园区域内才是,如此我们在探讨校园安全问题时,其触角可能会更深、更远、更广、更周详。

12.《与学生谈自我防护》

防骗防盗防暴与防身自卫、预防黄赌毒侵害等内容,生动有趣,具有很强的系统性和实用性,是各级学校用以指导广大中小学生进行安全知识教育的良好读本,也是各级图书馆收藏的最佳版本。

13.《与学生谈青春期情感》

青春期是花的季节,在这一阶段,第二性征渐渐发育,性意识也慢慢成熟。此时,情绪较为敏感,易冲动,对异性充满了好奇与向往,当然也会伴随着出现许多情感的困惑,如初恋的兴奋、失恋的沮丧、单恋的烦恼等等。中学生由于尚处于发育过程中,思想、情感极不稳定,往往无法控制自己的情绪,考虑问题也缺乏理性,常常会造成各种错误,因此人们习惯于将这一时期称作"危险期"。本书就学生的青春期情感教育问题进行了系统而深入的分析和探讨。

14.《与学生谈青春期心理》

青春期是人的一生中心理发展最活跃的阶段,也是容易产生心理问题的重要阶段,因此要关注心理健康。本书就学生的青春期心理教育问题进行了系统而深入的分析和探讨,并提出了解决这一问题的新思路、可供实际操作的新方案,内容翔实,个案丰富,对中小学生、教师及家长均有启发意义。本书体例科学,内容生动活泼,语言简洁明快,针对性强,具有很强的系统性、实用性、实践性和指导性。

15.《与学生谈青春期健康》

青春期常见疾病有,乳房发育不良,遗精异常,痤疮,青春期痤疮,神经性厌食症,青春期高血压,青春期甲状腺肿大,甲型肝炎等。用注意及时预防以及注意膳食平衡和营养合理。本书就学生的青春期健康教育问题进行了系统而深入的分析和探讨,并提出了解决这一问题的新思路、可供实际操作的新方案,内容翔实,个案丰富,对中小学生、教师及家长均有启发意义。本书体例科学,内容生动活泼,语言简洁明快,针对性强,具有很强的系统性、实用性、实践性和指导性。

16.《与学生谈青春期烦恼》

青少年产生烦恼的生理原因是什么?青少年的烦恼有哪些?消除青春期烦恼的科学方法有哪些?本书就学生如何摆脱青春期烦恼问题进行了系统而深入的分析和探讨,并提出了解决这一问题的新思路、可供实际操作的新方案,内容翔实,个案丰富,对中小学生、教师及家长均有启发意义。本书体例科学,内容生动活泼,语言简洁明快,针对性强,具有很强的系统性、实用性、实践性和指导性。

17.《与学生谈成长》

成长教育的概念,从目的和方向上讲,应该是培育身心健康的、适合社会生活的、能够自食其力的、家庭和睦的、追求幸福生活的人;从内容上讲,主要是素质及智慧的开发和培育。人的内涵最根本的是思想,包括思想的内容、水平、能力等;外显的是言行、气质等。本书就学生的健康成长问题进行了系统而深入的分析和探讨,并提出了解决这一问题的新思路、可供实际操作的新方案,内容翔实,个案丰富,对中小学生、教师及家长均有启发意义。

18.《与学生谈处世》

处世是人生的必修课,从小要教给孩子处世的技巧,让孩子学会处世的智慧,这对他们的成长至关重要。本书从如何做事、如何交往、如何生活、如何与人沟通、如何处理自己的消极情绪等十个方面着手,力图把处世的智慧教给孩子,让孩子学会正确处理复杂的人际关系。本书体例科学,内容生动活泼,语言简洁明快,针对性强,具有很强的系统性、实用性、实践性和指导性。

19.《与学生谈理想》

教育是一项育人的事业,人是需要用理想来引导的。教育是一项百年大计,大计是需要用理想来坚持的。教育是一项崇高的事业,崇高是需要用理想来奠实的。学校没有理想,只会急功近利,目光短浅,不能真正为学生终身发展奠基;教师没有理想,只会自怨自艾,早生倦怠,不会把教育当作终身的事业来对待。学生没有理想,就没有美好的未来。本书就学生的理想信念问题进行了系统而深入的分析和探讨,并提出了解决这一问题的新思路、可供实际操作的新方案,内容翔实,个案丰富,对中小学生、教师及家长均有启发意义。

20.《与学生谈人生》

人生观是对人生的目的、意义和道路的根本看法和态度。内容包括幸福观、苦乐观、生死观、荣辱观、恋爱观等。它是世界观的一个重要组成部分,受到世界观的制约。本书就学生如何树立正确的人生观问题进行了系统而深入的分析和探讨,并提出了解决这一问题的新思路、可供实际操作的新方案,内容翔实,个案丰富,对中小学生、教师及家长均有启发意义。本书体例科学,内容生动活泼,语言简洁明快,针对性强,具有很强的系统性、实用性、实践性和指导性。

由于时间、经验的关系,本书在编写等方面,必定存在不足和错误之处,衷心希望各界读者、一线教师及教育界人士批评指正。

编者

目　录

1. 学生的关心意识培养

陶行知先生教导老师们"千教万教，教人求真"；勉励学子们"千学万学，学做真人"。我们的新课程改革强调以学生为本，强调教育与社会与学生生活相联系，培养具有健全人格的人。可见，培养完美人格的教育思想是一脉相承的。

进入 21 世纪的中国，迎来了第二代独生子女，迎来了"90 后"、"世纪新人"，他们有着无可比拟的优势，广博的百科知识，灵活创新的思维方式，大胆的实践能力……但也带着一系列众所周知的缺陷，其中最让人担心的就是关心意识的缺乏。

例如："2008 年上海外贸学院选取了 4 个学院一、二、三年级的150 名上海市籍的学生进行调研，结果发现，有 62.28% 的学生此前不曾意识到关心父母的身体健康状况。"学生关心意识的缺乏的严重性可见一斑。

联合国教科文组织曾以报告《学会关心：21 世纪的教育》来明确学会关心的重要性，也明确指出引导学生学会关心是教育义不容辞的职责。然而，目前一些学校和老师好高骛远，德育目标要求偏高，偏大，偏空，重视高层次教育，努力培养跨世纪的共产主义事业接班人，而实实在在的"做真人"的教育不突出。

教育的主要目的应该是培养有能力、关心人、爱人也值得人爱的人。所以，教师应该以"学会关心"来主导自己的教育。

所谓"关心"，这里指孩子们应学会如何关心自我，如何关心他人，如何关心自然界，如何关心人类创造的物质世界和整个人类社会。

学会关心自己

培养什么样的人是教育首要的问题。陶行知提出生活教育的最高目标是"追求真理做真人"，做生活在人民之中的"人中人"。据此，陶行知提出了"健康第一"的观点，这是关心自己的最本真体现。

1947 年 7 月 20 日，陶行知在育才学校三周年纪念会上又向全体师生倡导每日四问："一问自己的健康有没有进步；二问自己的学问有没有进步；三问自己担任的工作有没有进步；四问自己的道德有没有进步。"他要求学生每天从健康、学问、工作、道德四方面问一问自己，关心自己，并以此来激励和鞭策自己不断进步，陶行知不愧为一代伟大的教育家。

教导学生关心自己，懂得自己的价值，是教育最急迫要做的事，也是回归教育本质的事。我们学校提出了"人文德育"的新课题，核心是引导学生如何做人。"关心自己"既包括关心物质的自我，也包括关心社会的自我和精神的自我，而且后面两个方面较前一个方面更为重要。

在这意义上，我们认为小学生的"关心自己"不仅意味着关心自己的物质利益，而且意味着关心自己的是否拥有良好的自我形象，是否能珍惜和履行自己的责任和义务。这是一种全方位的关心自己，它对于一个人正确地认识自己，并在此基础上学会对自己负责、做到自立自强，具有重要的意义。

刚带新班级时，由于是新组的班级，学生来自于全市各地，而且大部分都是因为在原来学校学得不是很理想才转学过来，学生自信心特别差，结合本班学生特点，为了引导学生从不同角度发现自身优点，培养学生自信心，我组织了系列活动《可爱的我》，活动大致分为以下几个系列：

（1）分别了解父母、老师、同学眼中"我"的可爱之处。

（2）通过学生才艺表演，让学生在实践中锻炼自己，认识自己，正确地表现自己。

（3）准备"我"最可爱的照片一张，写上可以使我更可爱的一句人生格言（座右铭）。

（4）《可爱的我》大型展示。

（5）自我管理日常评价体系的产生和运用。

活动取得了惊人的效果，同学们开始正确认识自我，管理自我，并关心自我的发展。现在，这届学生已经读高二了，33 位学生都在各自不同的学校进取拼搏，展示自我，其中一位还以优异的成绩被新加坡立信女子中学公费录取，这些学生每年暑假都会来看望我这位小学班主任。

学会关心他人

曾在《生活教育》2007 年第 5 期上读过马际娥老师的《孩子，请让我为你补上感恩这一课》，文章叙述了一位老教师在会场认出主席台上的县团委书记是十几年前的得意门生，有着抑制不住的喜悦，期待着一次师生重逢的激动场面，可是身为领导的学生似乎已经忘却这是自己的小学老师，客气而生冷的语气深深刺痛了老师的心。

文章最后马老师对自己曾经的学生写道："孩子，请让我，你过去的老师为你补上感恩这一课。因为，惟有如此，才安师心。"马老师又对广大同行说道："写下以上短文，以赠各位同仁，希望他们不再将感恩这一课留在十年之后。"

情之深，言之切，让我们这些为人师者深思。是啊，现今，不懂得感恩的现象比比皆是，不懂感恩的原因是什么？是不会关心。关心他人是懂得感恩的基础，没有关心别人，没有体会别人的感受，怎么会懂得感恩呢？

"关心他人"主要是让学生学会用心灵去理解、感受周围人的处境、心理和需要，能敏锐地感受到别人的痛苦和欢乐，这种感情上的敏锐性和感觉上的精细的培养是我们学校老师教育的一个极其重要的任务，然后在此基础上逐步培养学生的对人的义务感和责任感。

日常的生活中不要放过任何一次让学生学会关心的机会，记得一年前：中午作业时间结束，校园里又一次人声鼎沸。

生气和活力总是校园不变的主旋律。这时，班里却显得有点与众不同，教室里非常安静，这是怎么一回事？要知道这可是一帮会玩得"不得了"的家伙！

是老师在拖课？不会，有几个同学已经拿着毽子在走廊上比拼了。那又是怎么一回事呢？走到教室门口，门紧闭。从窗口往里看，里面的同学零零落落的，各自忙着什么，有的在准备下一节课的学习用品，有的在抓紧订正作业，有的在整理着抽屉……

但所有的孩子都不约而同地放轻了自己的动作，他们变得轻手轻脚，似乎想让自己的动作轻一点，再轻一点……这时，数学老师拿着需要订正的数学本子推门而入，随着"吱嘎"一声开门声，教室里的气氛立刻变得紧张起来，孩子们停止了手中的动作，他们的目光齐刷刷地射向了门口，空气似乎凝结在这一刻。

他们张大了嘴巴，他们多么想喊出来，是的，他们是喊了，他们每个人都喊了，只是没有一个人喊出声音。他们用手甩，用眼光提示，用嘴巴发出无声的语言……数学老师在门口呆若木鸡，不知所措。班长朱豪急了，上去，摇摇数学老师的手，指了指靠在桌上打盹的我，把声音压到最低："宋老师睡着了，嘘……"

随后，数学老师被客气地推了出去，门再一次被轻轻关上。靠在桌子上的我，这时没有一点睡意，甚至比任何时候都清醒。是的，我清楚地感受到孩子们对老师的爱，我清晰地知道自己该用更多的爱来面对他们。

这个画面，被牢牢定格在我的生命历程中。我同时把这份感动写出来，读给我的孩子们听，让他们明白他们对老师的一次关心，让老师幸福不已，这就是关心的魅力。

关心他人可以从关心家人、老师、同学开始做起。一些节日，如5月15日的国际家庭日，母亲节，儿童节、父亲节，教师节等都是不错的时机。假期的亲情作业也有很不错的效果。

学会关心社会

这里的社会是个广义的概念，它包含了关心自然社会和人类社会。陶行知先生多次强调要尊重和保护动物生命，他甚至重申：我以为生物不应当把它处死做标本……把活的东西弄死，太嫌残忍，增长儿童残酷的心理，这是不行的。"

1939年陶先生来到重庆，7月20日在合川草街镇凤凰山上创办了育才学校并明确指出育才学校不是培养"人上人"，而是培养"人中人"，"我们的孩子都从老百姓中来，他们还是要回到老百姓中去，以他们所学得的东西贡献给老百姓，为老百姓造福利；他们都是受着国家民族的教养，要以他们学得的东西贡献给整个国家民族，为整个国家民族谋幸福；他们是在世界中呼吸，要以他们学得的东西帮助改造世界，为整个人类谋利益。"

这里可以明确看出陶行知先生生活教育的目的之一就是培养学生强烈的社会责任感，用科学知识来改造旧社会，创立新世界。这也是培养学生关心意识的最终目的。

在我们学校，走廊上的安全警示语、洗漱间的文明提示语……都做成精美的牌子，色彩明快，图案清晰，富有童趣，可更有意义的是上面"名言"的署名都是自己学校的学生。如：给我十秒钟，臭味去无踪——朱豪；问候你我他，文明系大家——张梦瑶，原来，这些名言都是学校大队部在学生中征集而来的。

针对学校中存在的问题，发动全体学生来参与问题的解决。学生开始关心，开始全程参与，全程体验。这个过程中，学生不是被动受教育，而是主动体验，并学会关心周围的一切。

陶行知先生生活教育理论中的健康教育、养生教育、社会责任教育、人格教育等的论述，对于我们新世纪的素质教育起到了指导作用。人的全面发展是教育的最高目标。全面发展是指人的体力和智力、道德精神和审美情趣得到充分自由的发展和运用。

享有国际声誉的教育哲学学者诺丁斯在《学会关心——教育的另一种模式》中构建了一套关于"关心"的理论体系，强调关心是一种关系，我们应将关心的意识引入到学校教育之中，以此来应对学校所面临的社会发展带来的挑战，不要再把这一课留到十年以后，那太晚了。

2. 学生的爱心教育指导

从人类的生存发展史来看，教育是伴随着人类社会的产生而产生，并随着它的发展而发展的。即教育是为了人类的生存、延续和发展而存在和发展的，所以说，教育的根本目的便是人自身。一方面，教育者通过施教过程完善、发展自身；另一方面，使人类的知识、技能、经验等得以继承和发展，并使受教育者的身心得以健康成长，从而使双方的个性和价值得以实现。

总之，培养德、智、体、美全面发展、身心和谐、个性完善的人才是教育的目的和宗旨。任何背离或偏离这个目的的教育，都会阻碍人类的进步，都将给人类自身的发展带来损失。而要保证教育的根本目的实现，需要诸多的条件，诸如完善的教育体制、较完备的教学设施、良好的校风、以及良好的社会和家庭氛围等等，但最重要的是必须拥有一大批高品德高素质的教育者。

人是有感情、有知觉、有个性、有人格的活生生的存在，不同于冷冰冰的、没有生气的物。因此不懂、缺乏或者根本没有以人为本的教育思想、教育观念的教育者，他的施教就等于盲目施教。只有懂得以人为本的教育思想，再加上"爱心教育"这个教育的内核和灵魂，才能为最终实现教育目的奠定坚实的基础。

爱心教育的内涵及实质

对于教师来说，赢得学生、他人和社会承认、尊敬的原因，不仅仅是他有渊博的知识和学业上的成就，还在于他独特的人格魅力和高尚的道德情操。具体来说，教师的高尚的道德情操，是指他的正直、诚实、守信、敬业和善良的同情心，更概括地说，是他的爱心。

我们这里所说的"爱心"，其含义是十分丰富和宽泛的，从本质意义上说，是指给予、关怀、尊重，包含着对人类、对自然、对他人、对生命、对生活等等方面。

作为教师必须首先从自身的道德完善做起，然后，才可以去帮助并培养学生的道德。拥有"爱心"的教师，才有可能实施"爱心教育"。即以"爱心"对待学生，培养学生的爱心，并不断地完善和提高自身的爱心。那么，"爱心教育"究竟意味着什么呢？

（1）"爱心教育"意味着"关注、关怀、给予"。

就具体的师生关系而言，学生是教育的对象，教师是施教者。而教师施教的根本目的主要有两个方面：一方面是通过施教完善自我。通过施教过程，教师不仅提高了自身的业务素质，同时也提高了自身的道德修养，并从中获得了乐趣，实现了自身的价值。另一方面，通过施教过程，帮助学生获得知识，提高他们发现问题、认识问题和解决问题的能力，同时，引导并培养他们形成独立完整的人格，树立生活的信心，找到人生的位置，追求人生的乐趣和幸福。而要做到这一点，唯有实施"爱心教育"，才会对学生的关怀不只是停留在表面形式上，而是体现在实质上。

只有得到重视的学生，才能意识到自身存在的价值和必要，才能树立起生活和学习的信心。也只有重视学生，才会去关心他们的成长，关心他们成长过程中所遇到和可能遇到的种种问题。而且，只有这样，教师的给予才可能有针对性，才会具有意义，才能满足学生正当合理的需求，从而使帮助和引导落到实处。

（2）"爱心教育"意味着"理解、同情、宽容"。

教师所施教的对象，无论从理论上还是从实际上讲，都不可能是理想的对象，而是现实的存在。他们来自不同的地域和家庭，人生经历和所受的教育影响也不相同，而且男女有别，年龄阶段也不同，因此，就造成了学生在个性和心理等方面的不同，也使他们在需求方面存在着种种差异。

作为教师必须认识到这一点，才可能在实际的教学过程中，在与学生相处的过程中，去发现问题，并针对着不同性别、不同年龄阶段、不同个性的学生所存在的一些问题，来对他们进行教育、帮助、关怀、引导。才不会去理想化地要求学生整齐划一，埋怨学生思想太复杂、毛病太多。

无论对什么样的学生来说，理解永远是重要的，它是师生交流的桥梁，是建立良好的师生关系的基础。对那些身心成长较健康的学生来说，教师的理解意味着关心和支持，是他们进一步发展的动力；而对那些身心成长有某些问题的学生来说，教师的理解更是精神的抚慰剂，它帮助学生弥合心灵的创伤，进一步树立学习、生活的信心，克服重重障碍，最终得以健康成长。

有了真心的理解，就会对学生的问题、痛苦、烦恼给予真切的关怀和同情，才不会对那些行为不同常人、或有些毛病、缺点的学生另眼相待。有了同情和理解，仍需有宽容。无论教师、学生都是尘世凡人，因而，都不会、也不可能完美无缺，都会有这样或那样的不足或缺点，都可能在人生之途中出现差错或错误。

只有认识到这一点，教师才会形成一种自律意识，才会严于律己，加强自身的道德修养。也只有这样，教师才会看到学生的长处，而对学生的不足、缺点给予宽容。但教师对学生的宽容并不等于无原则的纵容，只是更适度地去把握和处理学生的不良的言行和习惯，既不漠然视之，任其发展，也不粗暴对待，横加干涉，而要动之以情，晓之以理，循循善诱，通过不同的途径和方式，使之渐渐改变。那种"恨铁不成钢"一次想"根除"学生毛病的想法和做法是不切实际的，也是缺乏耐心和宽容的。

（3）"爱心教育"意味着"信任、尊重、合作"。

在学校教育中，无论是哪个阶段的教育，师生之间的相互信任都是至关重要的。对学生来说，教师的信任意味着对学生的肯定、尊重和支持，他们也会因此更自尊和自信；对教师而言，学生的信任是教师取得好的教学效果，给学生以深刻影响的基础和前提，也同样使教师对自身充满自信。

师生之间有了充分的信任，才可能相互了解，相互理解，相互尊重。我们不仅应该强调学生对教师的尊重，更应该改变观念，尊重学生。没有师生之间的相互尊重，就不可能建立师生之间的相互平等关系，也就不会有师生之间的协调的合作关系。每个学生都是独立的个体，都可能有不同于他人的独特的个性。

正是因为这一点，我国古代的大教育思想家孔子才会提出他的"因材施教"的著名教育理论，国外教育才会把个性教育提高到学校教育的十分重要的地位。个性意味着独特性，意味着不同于他人的独立思考能力、独特的思维能力、思维方式及行为方式，是人的创造性思维能力的基础。缺乏个性也就意味着缺乏创造性。

因此，学校教育不仅不能忽视个性教育，更不能抹杀个性，而应该承认个性，尊重个性，并促使学生的个性得以完善和发展，为他们发挥创造性、实现自身的价值奠定坚定的基础。

"爱心教育"真正体现了一种双向交流、双向互动的精神。它使教学过程的双主体，即教师和学生处于一种平等的地位，在双方相互信任、相互尊重、相互理解的基础上，展开平等的对话，相互交流思想、情感、学术观点、人生经验等，从而真正实现"教学相长"。

当代小学生实施爱心教育的重要性

（1）加强相互尊重和交流，改善师生之间的关系。

在我国长期实行的应试教育体制，其弊端日益显露。其中重要的一点便是造成了师生之间不和谐的关系。本来，在我国的教育传统中就十分强调"师道尊严"，而应试考试又使这一点进一步得到了强化，却大大忽视了对学生的尊重。

从小学到高中，考试就是指挥棒，老师学生都围着它转，而教师就成了指挥者。学生如果不听教师的指挥，就可能在考试的战场上败下阵来，学生不得不尊重老师；而老师也不得不强调自身的尊严，免得学生败阵。考分成了既是对学生也是对教师进行衡量的标准，也成了衡量教学质量的标准。

这种情况的延续和蔓延不仅导致了泄密、漏题、作弊等不良现象的产生，也必然导致教师对学生的尊重不足。教师不是把学生作为有感情、有个性、有独立思考能力、有一定创造性的人来看待，而是作为应考的机器来对待，学生成了知识的储存器。教师的教学过程也就忽视了对学生的感情教育、个性培养和道德陶冶，也难以调动学生学习的主动性。

师生之间没有真正意义上的相互尊重，也就不可能相互理解，也就无法建立以爱心为基础的良好和谐的师生关系。显然，教育体制的改革绝非朝夕之功，但决不能因此就不提倡"爱心教育"。甚至可以说，正是缺乏"爱心教育"这种教育思想，才导致了这种不甚合理的教育体制的产生和延续。

因此，我国的现代教育，必须大力倡导爱心教育，使师生之间相互尊重，相互理解，提高师生之间的信任度，为学生的心理健康成长、个性和人格的完善打下基础。"种瓜得瓜，种豆得豆"，只有当教师以真诚的爱心对待学生时，才会换来学生真诚的爱心。学生也就会打开关闭的心灵之窗，与教师真诚交流，从而使师生之间建立起一种真诚合作、共同进步的富有建设性的伙伴关系。

（2）真正提高教师的师德修养。

教师的师德修养的提高，远非写几篇文章、开几个会、喊几个口号可以解决的，它是一项长期的、艰巨的系统工程。它有赖于内外两种机制的协同作用，才会最终得以实现。

从外在机制方面说，它有赖于教师物质生活和社会地位的提高，有赖于健康的社会风气和良好的校风，有赖于健全的法律、法规对教师合法权益的保障和维护，也有赖于社会、学生、学校及法律、法规等对教师的监督和约束。从内在机制方面讲，最重要的就是教师个人的自律意识。

这二者之间既互相制约，又互相促进，两者都不可或缺。但内在机制又是基础，是内因。假如没有教师自律意识这个内因，再好的外在机制也无法造就真正富有爱心的高品德的教师。这当然不是说外在机制不重要，而只是强调，它应该服务并强化内在机制。

从我国的教育现状来看，外在机制的健全与发展更是迫在眉睫的任务，这是不容忽视的。但从更长远的观点来看，教师自律意识的健康发展才是具有本质意义的。具有自律意识的教师，是一个具有能动性的主体。他们将会从爱心教育出发，并在教育的过程中不断地完善自己的爱心，在道德修养方面不断向自己提出更高的要求。

同时，作为能动的主体，他们不会被动地接受不良道德风尚的影响，他们将主动地与之斗争。毫无疑问，不良的社会道德必将对教师的师德建设产生极大的冲击，教师要保持正直、诚实、守信、敬业、富于善良的同情心的道德品格确非易事，因而它更显得可贵和重要。

而倡导"爱心教育"必将进一步激发起教师的爱心，激活他们热爱学生、热爱教育的激情，刺激其自律意识的增强，使师德建设迈出实质性的步伐。

（3）为我国教育改革和发展指明方向。

我国的基础教育改革已采取了相应措施，大力推进由应试教育向素质教育的转轨。但无论我国的教育改革将建立什么样的体制、采取哪些步骤和措施、选择何种途径，这都还有待于继续探索和研究，但有一点是可以肯定的，都是为了提高教育质量，培养出高素质、高品德的人才。

而要真正实现这一目标，就必须沿着"爱心教育"这一方向走。明确了这一方向，才不会把学校与学生的关系搞颠倒，即学校是为学

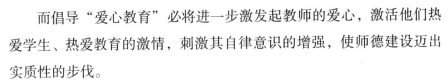

生而设并服务于学生，而不是倒过来。我们所要建立的新的教育体制、采取的措施、所走的途径，都将是有利于教师和学生的全面发展和提高的。

这将意味着在新型的平等、尊重、信任、合作的师生关系的基础上，师生双方都朝着知识丰富、兴趣广泛、个性发展、身心和谐、富于创造性的方向去努力。教师和学生将在丰富多彩的教育实践中不断地发现自我、培养自我、发挥自我。

也意味着，教师将不断地在更多方面向自己提出更高的要求，以适应教育发展的需要，也促使教师真正去研究学生、研究教学、钻研业务，以满足学生的需要，并更好地给学生的身心成长以帮助和引导。

这一方向的引导，也将为减少、消除教育过程中的种种弊端，如师生关系紧张、束缚压抑个性、创造能力差、道德素养下降、作业繁重、体罚学生、收费混乱等，发挥重要作用。由此可见，"爱心教育"既是合乎教育目的的，又是合乎教育规律的，它作为教育的灵魂和核心是不能忽视的，而应该加以正视和强化，并把它落实到教育实践中去。

当代小学生实施爱心教育的迫切性

（1）日益丰富的现代物质文明的新要求。

社会文明不断提高，让青少年可以充分享受物质和精神的文明成果，民主意识、平等意识日益成长，也使青少年在这些方面显得更为敏感，需要更多的关心和理解。

同时我们还应看到，实行了二十多年的计划生育政策，目前在校的学生，已经有相当部分的独生子女，并且在今后将成为学生的主体。独生子女身上表现出来的两大弊端：自我中心主义和心理脆弱，正日益凸现在整个社会之中，是我们不得不正视的问题。说现在的孩子是

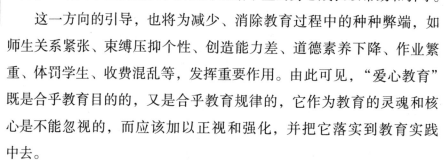

温室里的花朵一点也不过分，这样的教育对象无疑需要教育工作者用更多的爱心去关怀和培育。

作为小学教育工作者，教学大厦的奠基人，我们更应当及早创造条件让他们受到艰苦生活的锻炼，帮助学生逐渐克服自小养成的自我中心主义，培养他们的心理承受能力，为他们将来的教育铺垫好基石。但是在进行这一切教育的时候，都需要有一个前提，即爱心。

（2）儿童发展以情感为先的实际需要。

美国心理学家坎普斯的"视崖"实验，证明婴儿对外部的态度以母亲的表情为中介，以母亲为安全基地，探索外部世界，发展社交行为和外部探索行为，形成活泼开朗的个性。亲子依恋是个体建立对人的基本信赖感的基础。进入学校后，儿童的发展以良好的师生关系为中介。

皮格马利翁效应表明，教师的期望引导着儿童的发展，关怀伴随着儿童的成长，基础教育首先是一种情感交流，没有心灵的关怀，就没有儿童的成长。"母爱""师爱"既是儿童发展的条件，也是学校进行道德教育的无尽资源。引导儿童从感受爱到创造爱，从关心亲人到关心教师，从关心朋友到关心同伴，从关心班级到关心学校，从关心生态到关心社会。

学会关心是德育的基本问题，加强对学生的爱心教育培养学生的爱心意识，与学生一起来创造爱的文化，爱的环境，对提高学生心理素质，塑造学生健全人格，对创造和谐的教学关系，提高教育教学质量等，都有十分重要的意义。

（3）小学生价值判断体系的客观要求。

从整个教育过程分析，我们可以将之分为义务教育阶段和非义务教育阶段两大块。在义务教育阶段，学生其实并没有形成独立完整的价值判断体系，发展的主要是情感判断和是非判断。

小学教育正处于在这个时期，学生对教师和教材的依赖性很强，他们在陈述意见时，往往要借重"老师说的"、"书上写的"之类的话语，加强自己意见的权威性。可是我们也应该明白，在小学教育中，师生联系沟通的最重要渠道是情感纽带，还不是认知纽带。

一个大学生可以不接受教授的人格而接受他讲授的科学道理，一个小学生却会因为反感某个教师进而完全排斥他所讲授的内容。因此，小学教育阶段的一个重要特点是情感教育，情感在教育过程中的作用极大。面对这样的教育对象，爱心教育的重要性不言自明。

（4）中小学生人格健康教育的呼唤。

事实表明：我国中小学生心理健康十分堪忧，随着改革开放的深入和发展，在社会主义市场经济体制下，人才的竞争愈演愈烈，成长中的青少年儿童不可避免地面临来自社会方方面面的压力。因而，以提高个体心理素质，塑造健康人格为目的人格健康教育成为时代的召唤，势在必行。

那么中小学生人格健康教育的现实如何呢？曾有过这样两则报道：浙江有一名高中生因不忍学习成绩名次和家长的压力，将母亲活活打死。

又有消息报道，在哈尔滨道外区某中学高二文科班中，一周里就有5名学生因与同学赌气或为一些小事生气昏倒，被送进医院。而人格健康教育就是一种爱心教育。有位作家曾说过："唯有爱才能激发孩子超凡的创造力和想象力，即使面对拂逆也会深信这世界充满魅力和美。"

爱是学生的基本心理需要，给愚钝的学生以爱的滋润，可使其智慧开花；给顽劣的学生以爱的感化，可使其行为改善；给自卑的学生以爱的鼓励可使其信心百倍。在人格健康教育中，始终充满着爱与平等。

热爱学生是教师的首要素质，也是通往教育成功的桥梁。高尔基说过："谁爱孩子，孩子就爱谁，只有爱孩子的人，他才可以教育孩子。"新世纪教师的神圣职责除了向学生传授书本知识外，还要对学生的精神世界施加影响，使学生形成一种健全的人格，这种影响的力度首先决定于对学生的爱。

作为小学班主任面对6～12岁的儿童，在教师中又有特殊的身份，他是班集体的组织者、管理者，是班级教育工作的主帅。如果把学生比作是幼苗或花朵的话，那么班主任的爱则是他们健康成长所必需的阳光和雨露。所以，班主任更应该一丝不苟地实践这一天职。班主任只有将自己的爱毫无保留地献给学生，才能搞好班级工作，才能更好地实施素质教育。

3. 孝心教育的社会意义

孝心，是一个人善心、爱心和良心的综合表现。"孝"是我们中华民族的传统美德。几千年来，它始终是衡量一个人品质高低的重要标准之一。在当今社会，孝心教育是社会主义精神文明建设的基础工程，这赋予"孝"字更深刻的内涵，不仅要求我们对父母尽儿女之孝，还提倡我们尊老爱幼、扶弱济贫，要求我们对祖国尽忠心，对社会有责任心以及懂得回报父母、老师、他人和社会的感恩之心。

对于提高人的道德修养起着重要作用

中国的父子关系是个怪圈，为了养儿防老，孩子刚刚生下来是个小宝贝，当成小皇帝，真是捧着怕摔坏，噙在口里怕化了；及至长大成人，应该对父母感恩戴德吧，不，该自立的不自立，反而生出"啃老族"，他们根本没有感知父母的养育之恩。真是"播龙种收跳蚤"。

大概这些人这样认为，长辈对小辈的养育爱护一切的一切，都是天经地义理所当然的，子女的义务是对自己的子女恩爱有加，而对曾经对自己恩爱有加的父母似乎没有什么责任和义务，荒谬至极！

试想，一个连自己父母都不爱的人，能指望他爱祖国，爱人民吗？缺少爱心的人难免自私，如果一个社会具有博爱之心的人少，极端自私的人多了，还能和谐吗？

由此看来，构建和谐社会，对青少年加强爱心教育必不可少，孝敬父母当然是爱心教育的主题中应有之义，由"老吾老"到"老人之老"以及整个社会，从人伦，到天理。只有这样，才能提高青少年的自身修养，提高全民族的素质。

对于增强青少年的责任心起着重要作用

这是个真实的事：一天，一位高一学生下午放学回家，看到父亲趴在床上痛苦呻吟，但他竟不闻不问，就抱着一个球要外出玩耍。就在他欲出门时，他的父亲叫住他说，你给我倒杯水吧，他说水你自己不会倒呀。他的父亲又叫他快去叫妈妈回来。他回家时看到他的妈妈在菜园里锄草，这只是两分钟路程，他却推辞说，你自己不会去叫呀。说完就抱着球冲出了家门。直玩到天黑回家一看，他的父亲因脑溢血突发而死去了，医生说他要是能早半小时到医院也许可以挽救的。

一个如日中天的生命就这么离去了，一个家庭倒下了一座山。这是多么令人寒心的悲剧？本来是可以避免的，假如那位高中生有些孝心，他的父亲也许不会离开人世。但究其原因，其根源还在于"子不孝，父之过也。"小时候，父母对他的关心可谓无微不至，宠爱有加，为何会得不到回报？这都是让父母惯出来的。

父母爱孩子是人的天性，问题不在于爱的本身，而在于怎样去爱。现在，大多数孩子都是独生子女，父母只是一味从物质生活上去关心、满足孩子，而忽视了对他们的思想品德教育和行为指导，有的还以自己的自私和不当言行影响着孩子。

因此，对孩子进行敬老教育是非常必要的。只有孩子对父母有孝心，才会关心，同时责任感才会增强。

对于稳定社会秩序起着重要的作用

孔子说过："今之孝者，是谓能养。至于犬马，皆能有养；不敬，何以别乎？"羔羊有跪乳之恩，乌鸦有反哺之义，动物如此，何况人乎？但当今社会，人们生活越来越富足，孝道意识却越来越淡薄，一个普遍的现象是，下一代成了家里的小皇帝，如众星拱月，老人在家庭中的地位则无足轻重。

尤其在一些地方的农村，孝道缺失现象更为严重。在农村，吃的最差的是老人，穿的最破的是老人，在矮、偏、旧房里住的是老人，在田里干活和照看孙子一辈的多是老人。孝道衰落令人心忧，也影响着和谐社会的建设。

儿孙满堂，病床前却无人照料，山西省永济市赵伊村的八旬老人王秀英凄然离世。1月17日，山西省永济市纪检委根据《中国共产党纪律处分条例》第152条规定，宣布了一项特殊的处分决定，对王秀英4个有党籍和公职的子女分别给予了党内严重警告、警告和行政警告处分。这也是给每一位共产党员上了一堂生动的教育课，也给那些不孝顺父母的人敲响了警钟！从人们对此事的喝彩声中，我们可以感受到社会对孝道回归的期盼。

曾子曰："幸有三，大孝尊亲，其次弗辱，其下能养。"可见，对父母物质上的赡养是"孝"最低层次的要求，更重要的是对父母的尊敬和精神上的慰藉。有的子女每月、每年可以给父母一笔钱，以为这就尽了做子女的"孝"。其实，现在的老人尤其是在城市里的老人，更缺的是天伦之乐，是亲情之爱。因此，除了给老人提供物质上的条件，对老人生活上给予细心的照料，经常与父母进行心灵上的沟通，满足老人精神上的要求，使老人高兴、愉悦是更大的孝。如果能像"捐肾救母"的田世国那样，为了父母不怕牺牲自己的一切，这种大孝至爱的精神更值得弘扬。

孝心是对今天社会转型期人际间情感疏离的感召，大力推进孝德建设，让孝入人心、入家庭、入社会，以孝聚合力、保稳定、促发展，在社会中形成"以孝为荣、不孝为辱、以孝为美、不孝为丑"的良好风气。这既继承和弘扬了中华民族优秀的传统道德，又适应了社会主义道德建设的时代要求。

倡导真善美，这是人民群众发自内心的呼唤。只有爱父母、爱亲人、爱家庭，才能真正爱人民、爱集体、爱国家。我们应该立足孝德建设这一道德本源，全面加强公民的社会公德、职业道德和家庭美德建设，提高整个社会的道德水平，这对于建设和谐家庭、和谐社区、和谐村庄乃至于和谐社会，都有着重要的作用和极其深远的意义。

4. 学生的责任意识培养

现在的高中生，由于自身意识发展水平，社会变革及社会、家庭、学校教育等诸多因素的影响，很多人缺乏实干精神，重视自我需求、自我发展，却极少关心社会、关心他人，其责任意识呈现出低于其角色职责要求的弱化倾向。因此，提高高中生责任意识这一课题在当前德育工作中形势紧迫，意义重大。

《国务院关于基础教育改革与发展的决定》中明确提出了教育教学改革的新任务，指出了学生责任感培养的重要性。另一方面，新课改"积极倡导自主、合作、探究的学习方式"，变单一、被动的学习方式为自主探索、合作交流和操作实践等多种学习方式，使学生的学习方式发生根本变化。

它在突出学生的主体地位的同时，对学生的综合素质特别是责任意识也提出了更高的要求。这看似一对矛盾，本文试图分析学生的责任意识在其素质全面发展中的重要意义，和探讨落实高中新课改对培养和提高学生责任意识的重要作用。

学生现状与责任意识在素质发展中的意义

（1）学生现状分析。

责任感是人自觉、自愿地把自己应该做的每一件事情尽力做好的一种情感，同时也是一个人为人处事的态度：个人对自己和他人，对家庭和集体，对国家和社会所负责任的认识，情感和信念，以及与之相应的遵守规范，承担责任和履行义务的自觉态度的情绪体验。

中学生的责任心可分为国家责任心、社会责任心、学校责任心、家庭责任心和自我责任心五个部分。其中自我责任心是基础和根本。一个对自身都不负责的学生，就无从谈起对家庭、社会、国家负责。当然，我们所讲的自我责任心是指一个人在遵守道德、法律法规的前提下，对自己的生存和发展抱以积极主动、认真负责的态度而产生的情绪体验的反应。它不包括那种损人利己、损公肥私的极端自我负责的"自私心理"。

现在的中学生很多是独生子女，在成长过程中容易被无限迁就和放纵，缺乏纪律和约束，缺乏组织和集体观念，娇气、感情脆弱、缺乏心理承受力、不愿意接受批评。在家里，不帮父母做家务，衣来伸手、饭来张口，把父母的关爱视为理所当然，从不考虑作为子女的责任和义务。

在学校，被动消极地接受老师讲授"灌输"的知识，不去考虑知识的由来、意义以及自己的兴趣爱好、目标理想，一方面厌学情绪高涨，另一方面又心高气盛、好高骛远；在集体里社会上，一切以自我为中心，自私自利、目中无人、缺乏合作精神和协作能力等等。责任意识的缺乏严重制约着他们身心健康的发展和学习成绩、道德素养的提高。

（2）责任意识培养是跨世纪人才的需要。

我们面临的世界充满竞争，生活节奏快，工作压力大，对人的心理素质、生理素质和社会文化素质的要求都非常高。培养学生的自我责任意识能"时时处处'内驱'着学生自我学习、自我保护、自我评价、自我调控和自我发展"。

如果培养了学生的自我责任意识，"那种自我发展、自我完善的意识就会变得非常强烈，自我认识变得非常主动，自我改善变得非常坚决，自我学习变得自觉，自我保健变得执著"起来。

跨世纪人才需要有快捷获取信息的能力，有终生学习的观念，有自我发展精神，有与人协作能力等，所有这一切都离不开学生自我责任意识的培养。如果一个人连"自我"都失去了，一切就失去了基础和根本。"自我设计"、"自我发展"也就成了一句空话。

"如果我们培养出来的学生是一个对国家、对社会、对朋友、对家庭、对自己负责的人，那么，我们的素质教育就取得了成功。"可见，培养学生的责任意识非常重要。

（3）学生责任意识的提高有助于新课程改革全面开展。

新课程改革的目的就是更好地贯彻落实素质教育，全面提高人的心理素质、生理素质和社会文化素质。其间势必涉及到自我承受能力、自我适应能力、认识自我生理心理变化的能力、在群体中实现自我价值的能力。

而这一切能力更离不开自我学习、自我保健、自我调控、自我完善和自我发展，以及自我立德、自我立知的意识行为。一方面，责任意识的培养是新课程改革不可分割的内容，它要在贯彻落实新课程改革的过程中循序渐进地实现。另一方面，新课程改革的全面开展和有效落实又必须以学生现有的责任意识水平为基础。

学生现有责任意识水平的起点越高，他们适应新课程改革的能力就越强，在新课程改革的全面推行和贯彻落实中受益就越大。所以说"责任感培养的终极目标应该是和素质教育目标一致的"。

新课改对学生责任意识的要求

（1）学习方式的转变对责任意识水平提出更高要求。

新课程改革以学生发展为本，基本目标是提高人的整体素质，培养具有主动发展和终身学习能力的，能适应未来知识经济时代要求的新人。现代教育论认为，学习方式是决定学习质量的重要环节。因而，转变学生学习方式，构建旨在培养学生创新意识和实践能力的学习方式，势在必行。

创新精神和实践能力更是一代新人的显著特征。要实施以创新精神和实践能力为重点的素质教育，重在改变学生现有的那种偏重于机械记忆，浅层理解和简单应用，仅仅立足于被动地接受教师的知识传输的学习方式，要帮助学生开展有效的接受学习的同时，形成一种对知识进行主动探求，并重视解决实际问题的主动积极的学习方式。

推动新课程改革的目的就是与时俱进地全面提高学生素质，适应时代发展要求。新课程改革"积极倡导自主、合作、探究的学习方式"，变单一、被动的学习方式为自主探索、合作交流和操作实践等多种学习方式，使学生的学习方式发生根本性变化。

自主，就是学习过程突显学生的主体地位。教师只是起引导作用，想方设法激发、引导学生的好奇心和创造欲，帮助他们主动自觉地学习，同时培养学生的合作意识，引导他们主动正确地与他人协作，向师长请教。

探究学习法是让学生学会自己去思考、去寻找解决问题的方法。其间势必涉及到学生自我承受能力、自我适应能力、认识自我生理心理变化的能力、在群体中实现自我价值的能力等。作为素质教育主体的学生，只有具有良好的责任意识，才能更好地完成自主、合作、探究的学习过程。

（2）培养学生的责任意识不只是班主任的事。

很多人容易陷入理解误区，以为培养学生责任意识主要是班主任的任务，其他课任教师只负责学科知识的教学而已。要知道学生责任意识的培养是一项非常复杂而漫长的系统工程，它需要各位老师，学校，家庭，社会，国家各个方面齐心协力，共同完成。作为实施教育的主要场所，学校的每一位教职员工都有无可推卸的责任，而课任教师更是学生责任意识培养的直接施行者。

责任意识培养是各科教学的重要组成部分，所有学科的教学都会遇到非常个体化的学习问题，诸如学习兴趣、学习动机、学习意志、学习情感、学习性格等非智力方面的心理活动，以及观察能力、注意力、记忆力、思维力、想象力等智力因素的心理活动。所有这些都必须在学科教学中进行各种意识的渗透，进行完善和调控，而调整和渗透的落脚点无疑是学生的内部素质，即自我责任心。

5. 学生的民主意识培养

时下，很多老师为了教学的方便，总在无意中剥夺了学生的民主权利，比如选班干吧，很多班主任老师会直接把自己认为合适的人定为班干，这种行为就像皇帝册封，根本不理会学生的感受，一者图省事，二者觉得自己所选皆"品学兼优者"。

这样更能激发学生的学习积极性，而且选出的人更能协助自己管理好班级。其实这种行为是非常错误的，因为人的很多意识和观念都是从小养成的，民主意识同样如此。

在人类文明越来越进步、人们的思想觉悟越来越高的今天，"民主"已经逐渐成社会文明的象征。因此，我们不但不能做这种扼杀学生民主意识的蠢事，还要努力把握所有可能的机会去进行积极的培养。尤其是小学生，从某种程度上说，培养他们的民主意识有时候比单纯的教他们学习文化知识还重要。

有利于增强集体意识，形成正确的集体荣辱观

就拿选班干这件事来说吧，我们选班干的目的不仅仅是为了要管好班级纪律或者找出好的"带头人"，更重要的是要通过这种形式来培养学生的民主意识，使民主的种子深植孩子们的心田生根发芽并茁壮成长。

因此，老师的任务应该是引导学生正确的履行自己的民主选举义务，通过选举，使学生意识到自己是班级集体中的一员，管理班级不但是自己的事情，而且是自己应尽的义务，自己要充分发挥自己的作用。

同时，使学生逐渐认识到集体是怎样的集体，它不是一个人的集体，而是属于大家的集体，是和自己息息相关的大家庭。从而激发学生参与管理这个集体的积极性，使他们自觉地加入到关心、爱护集体中来，在不断的集体活动中，逐步形成正确的集体荣辱观。

有利于培养团结协作精神，形成优秀的团队

随着社会的进步和发展，不但需要优秀的个体，更需要优秀的团队。所以，协作能力的培养犹显重要。为人师长，我们要有长远的目光，自觉尊重和维护学生的民主权利，积极培养学生的民主意识，通过民主活动有目的的培养他们逐步树立人人平等、互相尊重的观念，为相互间的协作打下基础，为培养优秀的团队创造可能。

在实际的教学中，我常常这样鼓励我的学生：你们班里的事情该怎样去处理，你们自己要多动脑筋思考，不要老是依赖老师，有什么事情班干要组织大家一起来商量，商量好了由班长向老师报告，只要不违法，老师一定支持你们。

正因如此，我常能看到这样的事情发生，如某某同学违反了纪律，全班同学会群起而攻之，真有"过街老鼠人人喊打"的味道；某某同学病了，同学们则会自发组织大家前往探望；校运会上，我们班啦啦队的人数最多、声音最高；植树节到了，校园里准会很快增添不少花草树木；学校附近的孤寡老人，常年有同学轮流照顾……同事、老乡争着夸奖我们班里的同学，可谁又知道其中的秘密呢？

有利于增强集体凝聚力，养成乐于奉献的品质

我们不难想象，一个毫无凝聚力的集体那是怎样的集体：纪律散漫，状如散沙，每个人都是那么懒洋洋的，没精打采，没有半点朝气和活力，自私和暴力充斥在每个角落……

这样的集体怎能培养出一个优秀的人才？一个集体的好与坏主要取决于它的凝聚力，凝聚力越强这个集体就越优秀，战斗力就越强。

我们的革命先驱能够奋不顾身，不怕抛头颅洒热血除了有崇高的革命理想外，主要还是因为背后有一个富有凝聚力的共产党组织，是党的教育使他们养成了无私奉献的高尚品质。

当个人和集体利益产生冲突的时候，我们能自觉地选择放弃自己的利益去维护集体的利益；当面对集体利益遭到破坏的时候，我们能奋不顾身地冲上去制止；当远在他乡的时候，我们心中依然牵挂着集体的最新情况；当困难快要把我们压扁的时候，集体的荣誉感能使我们充满信心，这就是集体凝聚力的体现。

我曾经接过这样一个"烂班"，在这个班里不但桌面上的"三八线"随处可见，缺胳膊少腿的桌椅更是不计其数，甚至偷窃、抽烟、喝酒、打架斗殴这些本不是他们这个年龄段应该出现的问题都屡见不鲜，第一节课下来连我自己都觉得恐惧，这样的学生还有得救吗？

可领导的器重让我别无选择，我尝试着把班中的大小事务交给学生们自己管理，通过民主决议的形式让学生们自己管理自己，而我只是不失时机地提出一些建议，从大局上把握学生们的思想方向。

例如，针对班中纪律散漫、自我约束能力差的现状，建议大家一起讨论制定一些惩奖制度，严格执行，互相监督；每逢周末，我总不失时机地建议大家做些有益的活动，什么郊游啦、比赛啦、看电影啦之类的建议让学生们自己讨论决定是否参加，有时还亲自带他们到郊外野炊，到城市参观革命烈士纪念馆，给他们讲一些烈士们的英勇事迹，用烈士们无私奉献的精神来教育大家。

这样通过民主化的管理，一个学期后，我们班便发生了翻天覆地的变化：纪律散漫的现象不见了；桌面变得清洁起来了，"三八线"不但已无影无踪，肢体残缺的桌椅也消失殆尽；同学之间发生矛盾不再是拳脚相向，哪里有困难哪里就能看到同学们的身影，同学们张嘴闭嘴总喜欢说"我们班"怎么怎么，这使我深感欣慰，也深受鼓舞，从他们的改变中我看到了希望。我们班集体的凝聚力终于增强了，这个"烂班"终于不再"烂"下去啦！

所谓"江山易改，禀性难移"，从小培养小学生的民主意识，不但符合孩子的心理发育特点，更符合社会发展的需要，任何剥夺小学生民主权利的做法都是错误的，只有不断抓住和创造机会来培养小学生的民主意识，发扬民主，才能为社会培养出更多更优秀的人才，培养出更多更优秀的团队来。

6. 学生的合作意识培养

著名科学家杨振宁说："如果说在过去还有可能一个人独立完成诺贝尔奖项工作的话，那么，进入80年代以来，尤其是进入信息社会以来，没有人们的共同参与、相互合作，任何重大发明创造都是不可能的。"

现代教育理念认为，一个人今天在校的学习方式，必然会与他明天的社会生存方式保持某种内在的一致性，而合作学习正是这种一致性的切入点之一。合作学习是现代教育的重要特点，是实现创造性教育的重要形式。

合作的意识和能力，是现代人所应具备的基本素质。随着科学技术的迅猛发展和信息社会的到来，未来社会越来越注重个人能否与他人协作共事，能否有效地表达自己的见解，能否概括与吸收他人的意见等。因此，培养学生团结、协调的群体合作精神显得尤为重要。

环顾我们目前的教学情境，小组合作学习的现象还不为多见，尤其在现行的班级授课制下，师生互动被作为课堂教学的主要活动形式，学生的课堂交往对象主要是教师，即使有小组学习，也往往成为一种形式，其实效果难以断定。教师又往往忽视了学生独特的学习可能性。

显而易见，在这些传统的教学模式中学生不能作为学习的主体参与教学，学生的积极情感得不到体验，意志品质得不到实现，这样一来的教学模式也直接影响着学生的合作精神与创新能力的培养。

正是基于以上认识，我们认为，在小学科学课教学中进行合作性学习的研究很有必要，它将会促进学生主体性的发展，培养学生探索创新的精神，同时又培养了学生能与人和谐共处、通力合作的意识与本领，从而达到使学生在学习中学会合作，在合作中学会学习的目的。

从教学心理学情感理论来看，学生进行愉快和谐、富有成效的合作学习，自然会产生快乐有趣的学习气氛。这种学习氛围一旦形成并保持下去，必会给学生带来高涨的学习热情，推动他们进行孜孜不倦、锲而不舍的努力，有利与知识技能的积累和智商情商的发展。

德国教育家福禄贝儿主张尊重儿童的"自动"。他认为，人本质上是有活动力和创造力的，以为儿童只有接受能力的观点是站不住脚的。他极力主张要通过有组织的游戏和活动来发展儿童的"天性"，使儿童在活动中自己教育自己，用活动的体验去取代"说教"与"静听"的教学方式。再纵观我国一些成功的教育改革，如和谐教育、成功教育、分层教育等。都致力于建立新的教学模式和师生之间密切合作、学生之间团结协作的组织形式。

传统的课堂教学常常被视为孤立、个体化的活动，座位统一的"插秧式"编排，回答问题时统一的举手姿势，甚至连坐姿也做统一要求。每个孩子安静地坐在自己的位置上，并被要求努力地理解黑板、书本上的内容或完成老师预设的一些问题，完全被当作一个接受知识的"容器"。

新课程标准把"自主探索、合作交流"提到一个前所未有的高度，这充分肯定了合作学习能从许多方面促进学生更加生动、活泼地学习。具体的说合作学习的价值在于以下几个方面：

合作学习为学生提供了终身学习的必备素质

合作学习为学生提供了终身学习的必备素质，即学会学习。学会学习是一个现代人生存和发展的首要条件。新课程理念下的课堂是师生共同生活、共同发展的场所，是以学科知识为载体，在师生、生生之间的相互活动和对话中，在学生经历知识形成的过程中，获得知识、技能、情感、态度、价值观的体验，形成良好的个性品质，这其中更多强调的是学生的学习方式。

学生在合作过程中，能主动地提出问题、自由地展开讨论和交流、敢于尝试、学会倾听、以及进行自我反思。所有这些，如果我们在课堂教学中能有意识地构建这样一个符合学生特点的合作学习的方式，使每位学生都能在有限的合作时空里全员参与，在互动中互帮互学，那么不仅能有助于增强学生的合作意识，而且还能为学生获得终身学习的能力奠定基础。

合作学习是学生自身价值的体现

以科学课为例，科学教学就是要培养学生的科学素养，如果让学生带着问题参与到这些活动中，在相互合作中彼此进行交谈、倾听、解释、思考、反思，在观点分享与协商的过程中，学生自己畅游科学家的研究经历，油然而然地产生出一种"我也能行"的积极情感。在此过程中，学生不仅仅是掌握知识，而且学生在经历过程中体验到了合作的价值，也发现了自己的价值和潜能。

合作学习培养了学生的创造性思维

在科学的学习过程中，往往需要用不同的方法解决活动中的问题，合作学习使每个学生都有机会提出自己的解题方法，同时又分享别人的解题方法，在讨论不同方法优缺点的争辩过程中，学生的思路就会越来越明晰，能多角度、多侧面地寻求问题解决的策略，对于增强学生的自信心，培养创造性思维十分有利。

更进一步，许多在当前的认知水平下仅凭个人的能力难以解决的问题，但通过集体的智慧常常被学生们创造性地加以解决。合作不仅能有效地调动所有参与者的积极投入，充分发挥每个人的聪明才智，而且能激发每个人高度的求异思维。

7. 学生关心他人的教育方法

有一则名为《天堂与地狱》的寓言，其大意是这样的：某人想弄清地狱与天堂的区别，于是他先来到地狱，发现尽管地狱里不乏山珍海味，但地狱里的人都饿得面黄肌瘦，原因是地狱里的人吃饭用的勺子的把儿都有两米来长，把儿太长，很难将食物送进自己的嘴里。

他又来到天堂，他发现天堂里的人吃饭用的勺子也是把儿两米来长，但天堂里的人个个红光满面，原因在于他们是用勺子把饭菜舀起来，分别先送到别人的嘴里，相互喂着吃。

从这则寓言中，我们明白了这么一个道理：人们只有互相关心、互相帮助才能生活得美好。这恐怕也就是天堂与地狱的区别。的确如此，自古以来，无论是在人类社会还是在自然界，"优胜劣汰，适者生存"是一个永恒不变的真理。

但是，人类与其他自然界的动物不同。其他动物靠本能弱肉强食地生存着，而人是一种社会动物，人能自觉地选择互助合作的生存的方式。人类能发展成为最高级的动物，延续至今，靠的就是聪明地懂得人类不仅存在着竞争，还应当存在合作。

在现代社会里，人们面临的竞争挑战的态势越发严峻，就连小学生的考试竞争、升学竞争和学习竞争也日益浓烈。如何创设健康的竞争环境已引起了教育者们的普遍关注。要想世界的未来出现更加美好的前景，竞争必须与合作进行有效联结，而合作的重要条件就是要学会"关心"。

基于此，有教育家预言：21世纪的教育将以学会"关心"为根本宗旨和主要内容。一般认为，"关心"包括关心自己、关心他人、关心社会和关心学习等方面。

"关心他人"无疑是"关心"教育的最为重要的方面之一。学会关心他人既是继承我国优良传统的基础工程，也是当前社会主义精神文明建设的基础工程，是社会公德、职业道德的主要内容。许多革命伟人，许多英雄模范，他们之所以有高尚境界，其道德基础就在于"关心他人"。

"关心他人"的内容

关心他人既要关心爸爸妈妈，也要关心老师和同学，还要关心邻里和其他遇到困难需要帮助的人。

（1）学生应学会关心爸爸妈妈。

在现代社会，由于独生子女的出现，许多家庭患上了"四二一综合症"，即四个老人和一对父母共爱一根独苗，溺爱已成为严重的社会问题。孩子在家中是"小太阳"，其地位高人一等，受到特殊待遇，觉得父母的关心和爱护是应该的、必须的，自己理应受到周到的照顾；反之，当爸爸妈妈需要帮助、需要安慰时，孩子从没想到要关心爸爸妈妈。

如果任由这种情况发展下去，必将养成孩子自私自利的个性。爸爸妈妈是孩子最亲近的人，古语言："老吾老以及人之老"，如果孩子连自己最亲的人尚且不关心，人们还能指望他关心其他的人吗？因此，关心他人应首先从关心爸爸妈妈做起。小学生关心爸爸妈妈，既可以体现在细小的方面，如每天问候下班的父母，主动请父母休息，关心父母的健康，也可以表现为给父母过生日，当父母生病时主动照顾等。

（2）学生应学会关心老师和同学。

小学生活动的主要场所，除了家庭之外，就是学校。在学校里，学生交往和交流的最主要的对象是老师和同学。可以说，学校就是小学生除了家庭之外的另一主要社会，是学生从家庭走向社会的一个过渡场所。不关心老师和同学的小学生，很难想象他会关心他人。

因此，教育小学生关心他人，除了关心爸爸妈妈之外，其次就应该学会关心老师和同学。小学生关心老师应重视以下几个方面：

①教育学生懂得老师工作辛苦，应尊重老师劳动，听从老师教诲，特别要虚心听取老师的批评。

②当学生取得成绩时，应该提醒学生不要忘了向老师报喜，表示感谢。

③提倡学生亲近老师，老师有困难要帮助，老师生病要慰问，遇到节日去看望老师。关心同学则可以是当同学学习、生活上有困难需要帮助时给予尽力帮助，同学有病去看望慰问，不要欺侮小同学，不要占同学小便宜等等。

（3）学生还应该学会关心邻里。

俗话说，远亲不如近邻。良好的邻里关系是一种人际美德，是人们生活中的一大快乐。另外，从儿童心理发展规律看，5岁以上孩子就需要伙伴。

为了摆脱孩子的"孤独"和"自我中心"，应该让学生搞好邻里友谊，让学生到邻里"串门"，邻居要借东西让学生热情地送去，邻居家有困难尽力去关心帮助，邻居家有病人时能去探访慰问，遇到喜事可以相互祝贺。

（4）学生应该学会关心其他一切需要关心的人。

正如前文所言，人类之所以能生存并持续发展，就在于人能够相互关心、相互帮助。关心社会上一切需要关心、需要帮助的有难之人，这才是人类的最高境界，是"关心"教育所要达到的最终目标。

总之，教育学生学会关心他人，最根本的就是要教育学生不能自私，应心胸坦荡、志向高远、爱己更爱人。唯其如此，才是 21 世纪所需要的人，也才配得上是 21 世纪的人。

"关心他人"的方法

当然，教育学生学会关心他人，除了要做到以上几个方面以外，还应该有科学的方法。在此，笔者建议不妨采取以下几种方法进行"关心"教育：

（1）"正面教育法"。

学校可以利用其作为教育基地的优势，采取多种方式，对学生进行正面的灌输式的教育。例如，学校可以利用思想品德课，由老师有意识地给学生灌输关心他人的思想。

再如，学校可以经常请一些有关的专家或先进人物到学校给学生讲相互关心的事例和关心他人的重要意义。班主任老师及其他任课教师也应该注意利用其班主任工作或讲课内容对学生进行正面的关心他人的教育。

（2）"体验法"。

即开展一些活动，为学生提供和创造一些机会，让学生转换角色，或身临其境，体验需要关心和帮助时的心情，感受受到他人关心和帮助时的快乐。

例如，可以在学校开展"假如我是爸爸妈妈"、"假如我是残疾人"、"当我身处异地身无分文时"等活动，或者组织学生进行生存体验等等。

（3）"交流法"。

就是有意识地组织和引导学生之间进行交流，例如，利用班队会或晨会让学生相互交流关心他人的具体事例和感受，通过同龄人的言行，促进学生形成和提高关心他人的自觉性。

8. 学生关心他人的教学步骤

我的儿子伦伦今年7年，他没有独生子女常有的那种专横、霸道、任性和以自我为中心的坏习惯，他的好脾气和爱关心人是我们最大的骄傲。从伦伦的成长过程看，我觉得要培养孩子关心别人的良好品性可以从以下几个方面入手。

父母要给孩子做关心别人的榜样

俗话说：言传身教，榜样的力量是无穷的，也是最有效的。我和爱人都受过高等教育，深知父母的言行在孩子成长中所起的重要作用。所以我们一直严于律己、坚持正面教育的原则。我们孝顺长辈、关心亲朋、邻里关系和睦，在伦伦面前从不议论别人的长短，尽可能地尊重他的一些孩子气的同情心。

逢年过节给老人买东西、送礼物，我们总是让伦伦知道，还常常请他发表意见。单位组织旅游或庆祝活动，如果能带家属，我和爱人总是在带伦伦同行的同时带上父母，既让老小开阔眼界，也让他们享天伦之乐，更让伦伦知道凡事都想着别人，尤其是自己的长辈。

家庭成员之间要互相关心

充满温情的家庭氛围对培养孩子的爱心起着潜移默化的作用。父母间经常争吵、谩骂甚至打闹，孩子时常处在恐惧、忧郁、仇视的环境里，又怎能要求他去关心别人呢？所以家庭成员之间要互相关心，特别是夫妻之间要恩爱、相互体贴。

我们从不在孩子面前掩饰自己对对方的关爱：餐桌上，我们在给孩子夹菜的同时不忘给爱人也夹一筷；出门前，在给孩子整装的同时也不忘叮嘱爱人一句；外出购物，在给孩子买玩具衣物的时候，也不忘和孩子商量给爸爸或妈妈买一样什么东西。一个西瓜切开来，总是一家人围在一起吃，偶尔一方不在，总是跟伦伦商量着剩下三分之一给爸爸或妈妈吃；坐在沙发上看电视，我会一手揽着独生子一手揽着丈夫，我很满足于丈夫儿子一家健康的幸福，我也实实在在地流露着我的感情，让伦伦和我们一起体验这种幸福。

学会与人分享

这里有两层意思，既要教孩子学会分享，还要家长学会分享，而家长学会分享更易被忽视。舐犊之情使为人父为人母们都宁肯亏了自己也不愿怠慢自己的孩子，好吃的、好玩的、好用的尽数都往孩子面前堆。一边担心着孩子会发展为不关心别人的冷血儿，一边又在做着阻止孩子学会分享的蠢事。

经常会发生这样一幕：孩子诚心诚意请家长分享，家长却坚决推辞，哪怕只是象征性的分享，也不肯接受，谢绝孩子的一份好心。久而久之，孩子也就没有了谦让与分享意识同时，家长首先要学会分享，坦然地分享，成为与孩子分享的伙伴。

让孩子了解一些生活的真实情况

家长总是担心孩子受苦受难，担心孩子遭受挫折。尽管我们自己面临着许多生活的曲折和坎坷，尽管我们有许多不快乐和情绪不稳定，但我们总是竭力在孩子面前保持平稳。一来错误地认为这有利于树立家长形象，二来美其名曰保护孩子幼小的心灵不过早地承受生活重担，其实这是错误的。

既然我们在提倡和孩子建立朋友关系，建立平等关系，就应该让孩子了解一些我们的喜怒哀乐，就如我们了解孩子的喜怒哀乐一样，让孩子学着承担一些我们的喜怒哀乐。

记得儿子刚上幼儿园时，我每天很早就把他从床上拉起来，赶着去上班。每次他都要反抗，又哭又闹。一天，我实在忍不住了，面对才3岁的独生子大喊大叫："我也想睡懒觉，可是没有办法，我得去上班挣钱，给你付幼儿园的学费，你明白吗？"

原本只是一时性起发泄一通，根本没指望3岁的儿子会体谅我的艰辛，但意料之外的事情发生了：伦伦从此再也不哭闹了，每天早上只要我一喊，他就会乖乖地爬起来，有时冬天困得不得了，他也会赖床，但一会儿就会爬起来。

有时我加班或下班晚回家，他会很懂事地说："妈妈挣钱很辛苦！"现在我常会把生活中的一些难题讲给伦伦听，和他一起商量，对他提一些必要的要求，每次都能取得意外的效果。

所以，家长不要刻意地去掩盖生活的另一面，让孩子从小学着和你一起去分担，哪怕只是让他了解一下，理解生活的不容易，这样他才会懂得珍惜现在的生活，才会关心别人。

让孩子做一些力所能及的事

不要让孩子养成衣来伸手，饭来张口的坏习惯，只有勤快的孩子才会懂事，知道关心体贴别人，一般情况下，勤快是培养出来的，所以家长要树立这种观念，并付诸行动。要循序渐进地教会孩子做一些力所能及的事，大胆放手地让孩子做一些力所能及的事。

我是这样想的，也是这样做的。当我们劳累了一天，坐在桌边准备吃晚饭时，伦伦会为我们盛饭、放置碗筷，餐后又会把所有的碗盆收到厨房间，将剩菜包上保鲜膜并放入冰箱，熟练勤快的样子常会赢得偶然来作客的朋友的夸奖，这全是日积月累的结果。

9. 学生感恩意识的教育培养

感恩教育是教育者运用一定的教育方法和手段，通过一定的感恩教育内容对受教育者实施的知恩、感恩、报恩和施恩的人文教育，是一种以情动情的情感教育，是一种以德报德的道德教育，也是一种以人性唤起人性的生命教育。

在当今，随着经济的发展，社会的融合，在这一信息化、市场化的社会环境中，人们的思想环境变得日益复杂。市场经济的冲击，人类物欲的膨胀对于人的责任心、公德心和人生观、价值观提出了很大的挑战。同样，在这样一个物欲横流、思想开放、自由的生活氛围里，一些学生责任心不强、公德心不够、进取心低落、感恩意识缺乏等思想弱点给新时期的大学生思想政治教育工作提出了更大的挑战。

而作为青年学生的感恩教育则显得更为重要，加强新时期民办高校大学生的感恩教育，对于培养学生健康积极的思想品质，促进个体的健康成长，保证社会的和谐发展有着十分重要的意义。

加强感恩教育有利于学生"立志"

古人云："身可辱，生可损，国可亡，而志不可夺。"人生只有立志，才能产生积极进取的奋斗精神和克服困难的勇气。"立志"对大学生来说更为重要，它犹如人生的太阳，驱散前进途中的迷雾，照亮

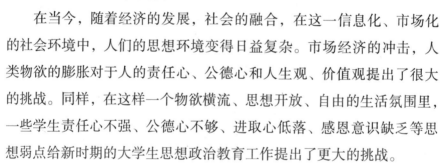

人生的路标。

而作为当代的大学生，对社会、对学校的认同感不强，缺乏信心与奋斗的动力，没有明确的奋斗目标，没有宏大的志向。而这一切又主要是因为大学生们责任意识不强，他们对自己没有责任心，对亲人没有感恩意识，对社会没有责任感所造成的。

因此，加强大学生的感恩教育，培养大学生"滴水之恩，当涌泉相报"的责任意识，有利于大学生树立远大的志向，确立宏伟的目标，培养志存高远的高尚品质。

加强感恩教育有利于学生的"修身"

"修身"是中华民族的优良传统。《论语》中记载着孔子的教诲："欲修其身者，先正其身者，先诚其意。"古人把"修身"与"齐家"、"治国"、"平天下"相提并论。这些都表明了"修身"的重要性。"修身"是提高自我修养，提升人格层次的重要手段，对正处于人生最美妙时期的大学生来说，要立志做大事，成大业，就必须从"修身"做起。

而现实生活中，大学生"不孝"、唯我独尊、封闭自卑、嫉妒猜疑、偏执极端、虚幻情感交往、暴力倾向、重竞争、轻合作等等违背道德的事件屡屡发生。大家不禁会思考问题究竟出在哪里？其实，最主要的原因是当代大学生不知荣耻，不会感恩，没有正确的思想道德观。

加强大学生的感恩教育，让青年学子们领会"爱人者，人恒爱之。敬人者，人恒敬之"的思想，懂得相互尊重，知恩感恩，知荣明耻，才能真正做到"修身"，培养高尚的道德情操。

加强感恩教育有利于学生"净化心灵"

进入民办高校的学生在心理上大多都有一种挫败感和心态失衡的

现象。在学习生活中，对现实的不满，对前途的迷茫极易引起学生情绪的恶化，长期累积下来就容易出现不健康的心理。针对这样的一种意识心态，加强对他们的感恩教育，用生活中的亲情、友情去感化他们，以平衡心态，稳定情绪，让他们对自己负责任，对亲人负责任，正确地面对现实，理性地展望未来

加强感恩教育有利于学生增强自信

民办高校的大学生基本上处于在高考最后批次录取的学生，世俗的眼光与社会的压力让学生失去了斗志，对学习缺乏了自信，对生活没有了憧憬，对自己失去了信心，对社会淡化了责任。加强对他们的感恩教育，让学生体会社会及亲人为自己的成长付出的努力与无限的爱，从而感恩亲人、感恩社会，强化自己对社会的责任，实现自我的价值，明白生命的珍贵。

加强感恩教育有利于提高学生的人文素质

人文素质的高低直接影响大学生走上工作岗位后适应社会的能力，也是决定大学生综合素质的重要因素，感恩是传统美德，是真善美的行为，是人文素质的重要内容。

知道感恩的人一定是讲道德、讲诚信的人，他们在为人处事方面肯定会赢得人们的信任和尊重，因而成为受社会欢迎的人，容易获得承担一定责任的工作和岗位，从而得到相应的锻炼迅速成长起来，适应社会的能力大大增强。

感恩是一种处世哲学，是生活中的大智慧。"知恩不报非君子"，懂得感恩是一个人最起码的道德品质。只有懂得感恩的人才会懂得付出，才会觉得自己有责任去回报社会。感恩不仅仅是回报父母养育之恩，它更是一种责任意识、自立意识。

生活在社会大家庭里的大学生们，受到许许多多恩泽，有国家的

培养，父母的养育，师长的教诲，亲友的关爱，他人的服务等等。大学生只有学会感恩，才会少些抱怨、仇恨和对抗，多些宽厚、友善和快乐；才会对生活寄以希望，对别人施以爱心，对工作报以敬意，对社会予以回报。

"青年代表未来，青年创造未来"，在构建社会主义和谐社会的今天，青年学生的思想政治教育需要加强，青年学生的社会责任感需要强化。感恩教育作为培养学生责任感的重要基础，作为青年学生思想政治教育的重要组成部分，在大学生思想政治教育中意义重大。因此可以说，在新时期加强大学生的感恩教育尤其是民办高校大学生的感恩教育刻不容缓。

10. 学生孝心的教育培养

中华民族是一个有着辉煌传统美德的民族。中华民族有五千年的文明史，以礼仪之邦、文明古国而著称于世。在中华民族传统思想文化和道德的宝库中，有许多我们应该而且必须继承的有价值的精神文化成果和需弘扬的传统美德。

例如"忠，孝，雅，信，礼"等。其中，"百善孝为先"。尊敬长辈，孝敬父母，是中华民族的传统美德，是中华民族伦理观念和道德品质的精华部分。

《孝经》集中阐释了儒家的伦理思想，对"孝"的要求和方法做了系统而烦琐的规定。如对父母的生老病死的过程，提出了"孝"的标准："居则致其敬，养则致其乐，病则致其忧，丧则致其哀，祭则致其严"。《孝经》把"孝"推崇到极高的地位，认为：夫孝，天之经也，地之义也，民之行也因此，"人之行，莫大于孝"。

"孝"成为人的道德之本（"夫孝，德之本也"《孝经》开宗明义第一章）。《孝经》所推崇的孝顺不失为中华文明的瑰宝，也是中华民族的传统美德之基石。孝文化是中国传统文化的重要组成部分。

古往今来，孝顺尊老的传统被世代沿袭，并积累了许多的典型，如供儿童启蒙学的经典《二十四孝》的图文故事，就是家喻户晓的教科范本。还有董永卖身葬父，孟宗哭竹，黄香温席等孝心故事，经久不衰。

"孝"作为中华民族的传统美德，影响着一代又一代的中国人，构筑出了华夏文明的大厦。这是我们民族的文化结晶，促进我们民族团结和谐有序的向前发展，是使我们民族绵延几千年而不衰亡的精神内涵。

新世纪的教育，应该更加重视孩子的孝敬教育。从小培养孩子尊老、敬老的美德，对于促进孩子的健康成长，促进孩子形成正确的人生观、世界观和价值观，它的意义和作用非同寻常。培养孩子孝心，塑造高素质人才，让我们的下一代继承中华民族的传统的"孝"的美德，我认为应该从以下几方面做起：

家庭教育

（1）家长重视孩子的孝敬教育。

现在的独生子女比较多，好多家长怕孩子受苦，一味的对孩子溺爱，百依百顺，导致孩子娇惯任性，不懂得体贴孝顺长辈，如辱骂父母，虐待老人，不做家务等。

一名五年级的男同学，母亲卧病在床，下岗的父亲仅仅靠卖水果获得微薄的收入贴补家用，供他上学。他却不知父母的生活的艰难，花钱仍然大手大脚，经常向父亲索要零花钱。除了出入游戏机房，他每天放学还要在校门口买零食吃。而当疲惫父亲要他端一碗饭给生病的母亲时，他却大发脾气，懒得动手。如此"不孝之举"发人深思。

一位一气之下体罚了孩子的父亲说："看到孩子竟然如此没有孝顺之心，真觉得在他身上的心血白费了。"粗暴的教育方法于事无补，甚至适得其反。如今，父母们和社会各界对孩子"不孝之举"的害处，已经有了更为清晰的认识。

然而，如果探究孩子"不孝之举"的源头，父母们却难辞其咎。现在的孩子，出生之后即生活在一个优越的环境中，长辈们恩宠有加，而忽略了孩子孝心的养成，忽视了孩子的孝敬教育，这是家教的一大失误，也是孩子产生"不孝之举"的最重要根源。

（2）家长以身作则。

希望孩子有孝心，父母就应该以身作则，树立榜样，对长辈孝敬有加。如果父母对孩子祖辈不尊重、不孝敬，乃至逃避赡养义务、虐待及遗弃老人，孩子也会跟着学，现实生活中的诸多实例证明，一个生活在不以孝敬为美德的家庭里的孩子，就无法自觉养成尊老孝敬之心。

（3）通过讲述孝心故事来激励。

家长在闲暇之余，可以讲一些感人的孝心故事来教育孩子，如以下故事：

①孟宗哭竹生笋。在三国时，有一个孝子，姓孟名宗。从小就丧了父亲，家里十分贫寒，母子俩相依为命。长大后，母亲年纪老迈，体弱多病。不管母亲想吃什么，他都想方设法满足她。一天，母亲病重，想吃竹笋煮羹，但这时正是冬天，冰天雪地，风雪交加，哪来竹笋呢？

他无可奈何，想不出什么好的办法，就跑到竹林抱竹痛哭。哭了半天，只觉得全身发热，风吹过来也是热的。他睁眼一看，四周的冰雪都融化了，草木也由枯转青了。再仔细瞧瞧，周围长出了许多竹笋。他的孝心感动了天地。他把竹笋让母亲吃了，母亲的病就好了。有诗颂曰："泪滴朔风寒，萧萧竹数竿。须臾冬笋出，天意招平安。"

②董永卖身葬父。汉朝时，有一个闻名的孝子，姓董名永，他家里非常贫困。他的父亲去世后，董永无钱办丧事，只好以身作价向地主借钱埋葬父亲。丧事办完后，董永便去地主家做工还钱，在半路上遇一美貌女子，拦住董永要董永娶她为妻。董永想起家贫如洗，还欠地主的钱，就死活不答应。

那女子左拦右阻，说她不爱钱财，只爱他人品好。董永无奈，只好带她去地主家帮忙。那女子心灵手巧，织布如飞。她昼夜不停地干活，仅用了一个月的时间，就织了三百尺的细绢，还清了地主的债务。

在他们回家的路上，走到一棵槐树下时，那女子便辞别了董永。相传该女子是天上的七仙女，因为董永心地善良，七仙女被他的孝心所感动，遂下凡帮助他。有诗颂曰："葬父贷孔兄，仙姬陌上逢。织线偿债主，孝感动苍穹。"

家长还可以结合身边的孝心故事，对孩子进行教育。

（4）让孩子背诵一些关于孝顺的名言警句。

比如：

孝子之养也，乐其心，不违其志。《礼记》

孝有三：大尊尊亲，其次弗辱，其下能养。《礼记》

孟武伯问孝，子曰："父母惟其疾之忧。"《论语·为政》

父母之所爱亦爱之，父母之所敬亦敬之。（孔子）

老吾老，以及人之老；幼吾幼，以及人之幼。天下可运于掌。（孟子）

孝子之至，莫大乎尊亲。（孟子）

惟孝顺父母,可以解忧。(孟子)

世俗所谓不孝者五,惰其四支,不顾父母之养,一不孝也;博奕好饮酒,不顾父母之养,二不孝也;好货财,私妻子,不顾父母之养,三不孝也;从耳目之欲,以为父母戮,四不孝也;好勇斗狠,以危父母,五不孝也。(孟子)

天地之性,人为贵;人之行,莫大于孝,孝莫大于严父。《孝经至章》

(5)让孩子积极主动孝敬父母。

让孩子感受孝敬父母时的幸福感,千万不要让孩子觉得孝敬父母是一种强迫性的劳动,是一种额外的负担,孝敬本应发自内心,岂能被迫的表达?在棍棒威逼下是不可能培养出孝心的。

孝心,只有在家庭融洽的氛围中,在相互理解的基础上,在爱心的驱使下,慢慢的养成,并逐渐成为一种自觉的行为。一旦孩子表达了孝心,父母应该及时表现出欣慰和满足,必要时还应给予必要的鼓励,让孩子觉得孝心的表达非常值得,非常快乐,非常幸福,毋庸赘言,孩子若能怀着满腔幸福感一次次的表达孝心,那么,离这一传统美德的最终养成,已经为期不远了。

学校利用多种形式,渗透孝心教育

(1)教育部门应强化以孝敬为主的道德教育。

现在,部分学校开设了"孝敬课",已初步建立起一套以孝敬教育为支点的学校德育教育的创新模式,并为父母、孩子和社会所肯定。

其主要做法是,把"尊重老人,孝敬父母"作为青少年学生思想道德的切入口和着力点,把中华民族"崇孝"的传统美德植入学生的中心,通过开设"孝敬课"、设立"孝敬口"、评"孝星",通过写作文、演小品等各种形式的活动把学生爱父母、爱家庭的感情有意识地扩大到爱他人、爱学校、爱社会,对社会良好风气的形成起到了巨大的促进作用。

通过教育,孩子们都认为获益匪浅。好多孩子说,有关孝敬的道理,以前从未这么系统的学过。学了,才懂了;懂了,才会努力去做。在学科教学中,教师有意识地渗透孝心教育,就能让学生受到潜移默化的感染,收到良好的效果。

(2)利用班队活动,灌输孝心教育。

班队活动是学生普遍喜爱的一项学校活动,它通过学生的主体参与,不仅能培养学生的创新精神和实践能力,更能陶冶学生情操,培养正确的人生观和价值观,利用班队活动这种形式,对学生灌输孝心教育是一种行之有效的方法。如设计一个"孝敬父母,做好孩子"的主题班会活动,让孩子在具体的活动中接受教育。

(3)学校开展多种活动,深化孝心教育。

学校可以利用国旗下讲话、校园小灵通广播、宣传橱窗、学校教育网等渠道对学生进行爱心、孝心教育,形成矢爱育人、孝教尧人的舆论氛围。

可以通过开展"妈妈的爱"、"爸爸的爱"为主题的调查活动,让学生在生活中寻找并发现父母的爱,真情感受父爱母爱的伟大;可以让学生用歌舞、朗诵、演奏等形式表达对亲人的爱的赞美;还可以开展"争当孝顺小天使"家庭评分活动,让学生以实际行动回报亲人的爱。

(4)利用重要节日,实施孝心教育。

随着经济条件的好转,中国的节日也变得色彩斑斓,丰富多彩,节日里往往是孩子们情绪最好的时刻,充分利用这个最佳时机对孩子们实施孝心教育,往往会收到比平时更好的教育效果。正月里的春节,是中华民族最古老的节日，也更是父母最忙碌的日子。

教师可以教育学生"把劳动带进家庭"，帮父母做力所能及的家务事，为父母分忧解愁；妇女节、母亲节、父亲节是父母们的节日，教师可以引导孩子"把礼物送给父母"，用平常积攒下来的零用钱，为父母选购礼轻情重的物品，增强孩子与父母之间的沟通联系，使父母获得心理上的最大满足；重阳节是老人们的节日，老人们的健康长寿就是子女们最大的幸福，教师要诱导学生为老人们送温暖，"把健康送给老人"。

通过以上活动，让每一个家庭充满生机和活力，从而为孩子们的健康成长创造良好的家庭环境。

发挥社会舆论的宣传作用

（1）把典型树起来。

这样可以不断增强大家眷顾亲情、修炼孝心的行为意识。从社会层面上说，社会应大力加强法律宣传教育，充分运用各种形式，如新闻媒体、公共场所广告宣传牌等，为遵纪守法营造良好的社会舆论氛围，大力宣传有爱心、有孝心的先进典型，使广大青少年自觉学先进，在学先进中自觉尊老爱老，以讲孝心为荣。

（2）把活动搞起来。

这样可以不断提高大家依照法律眷顾亲情、修炼孝心的自觉意识。应在广大公民和青年学生中大力开展"学法律、献爱心、尽孝心、解难题、送温暖"、"亲情在身边、孝心看行动"等活动，采取举办以"亲情孝心"为主题的演讲会、事迹报告会、征文比赛、摄影展、书画展等活动，大力营造"以亲情暖人心，以孝心敬长辈"的良好氛围。

自觉维护社会稳定，促进社会的和谐和人际关系的改善，使整个社会充满亲情的美好和孝心的温暖，把我们中华民族尊敬长辈，孝敬父母的传统美德发扬光大，把我们中华民族推向一个更新更美的未来！

11. 学生爱心的教育培养

随着时代的发展变化，独生子女越来越多，独生子女在家庭中的地位十分重要，父母长辈对独生子女宠爱有加，让他们在一个被爱的环境下成长；然而，大部分家长却忽略了教会孩子如何去爱别人。我认为，在教育教学中灌输爱心教育对于促进学生的健康成长有着举足轻重的作用。是学生素质教育的重要内容。

小学生的爱心教育实际上是学生道德品质教育。学生的品德教育包括个性品质的培养和道德行为的教育；而前者比后者在某种程度上显得更为重要，因为学生的个性品质决定他的具体行为，也就是说孩子的道德认识、道德情感化为道德行为，必须通过个性品质来体现。如果没有一个好的个性品质，学生的爱心就不能从行为中得到反映，往往只能停留在口头上而难以深化。

要培养一个好的个性品质，使他能在今后的社会实践中将这些道德认识付诸行动，最重要的教育工作就是要培养孩子的爱心，那么如何加强孩子的爱心教育呢？

培养学生关心别人的品质

据调查显示，小学生一般缺少同情他人、关心他人的内在意识，他们生活中的道德行为完全受以自我为中心的心理特点的制约。然而，在社会群体中，关心他人是人与人之间相处的重要前提，因此，从小培养学生关心他人的意识及习惯十分必要。

培养学生关心别人就要从正面告诉学生做什么事情都要从别人的

位置、角度着想，不要只顾自己想怎么做就怎么做。例如：在教学中，告诉学生当父母长辈休息时，就要踮起脚尖轻轻走路，以免吵醒他们。当父母长辈生病身体不适时，要学会安慰父母，并尽量不给他们制造麻烦。再如，当下课铃响了，同级的班还没有下课，就不要大声吵闹，以免影响他们的学习等等。教师应从小处开始，渐渐使学生养成关心他人的习惯。

培养学生体谅别人的品质

在独生子女中，许多小学生都比较任性，为所欲为的性格，他们不懂得为别人考虑，不懂得体谅父母长辈的心情，只想到自己要怎样。例如：有家长反映，在商场购物时，孩子认准了一样物品，就一定要父母给他买；当父母不答应时，他们往往就会在商场吵闹，弄得父母十分难受。

类似于这种不体谅别人的行为，小学生时有发生。对此，我结合这种行为给学生讲道理，告诉学生做什么事情，都不要只顾自己，而要事先考虑别人；不要强加于别人做某件事，而要和别人协商做事，只有征得别人同意方可满足自己的要求。

培养学生帮助别人的品质

互助、合作是人类生活最重要的条件。一个具有爱心的人起码要有帮助他人的精神和行动，这也是做人的基础和我们的社会与人类得到完美发展的必要条件。

教育学生，当看到老人上下楼梯不便时，主动让步携扶老人；当乘巴士见有抱婴者或老人不便时，应主动让座位给别人；当同学有困难时主动给予帮助。作为教师更应主动关心和帮助有困难的学生，注意自己的言行举止，做到言传身教，给予学生潜移默化的影响和熏陶，成为学生助人为乐的榜样。

培养学生尊重别人的品质

人类是一个群体，群体间的交往是以尊重为基础，在尊重的基础上建立平等友善的人际关系十分重要。因此教师就要从小教育学生尊重他人的重要性。

例如：教师要教育学生不要取笑残疾人；对长辈要有礼貌，要爱护别人的劳动成果；尊重别人的私人习惯和隐私等等。尊重他人是一种良好的社会品德，是人与人之间友好相处的"润滑剂"。尊重他人体现在日常生活中的每一件小事和细节上，教师、父母在言行中要给孩子树立一个活生生的样板，这是十分重要和必要的。

培养学生与他人分享的品质

分享行为是学生亲近社会行为的一种。学生是否具有分享行为，反映出他是否有关心他人的情感，是否有同情心和乐于助人的爱心。作为教师，应重视对学生分享行为的培养，提高学生"情感智商"的素质。

教师向学生讲解与他人分享的意义，让学生感受与他人分享的快乐。例如：组织学生集体校外活动时可以把自己带的食品与同学一起分享；有好看的读物可以与同学交换看等等。通过种种形式让学生明白与他人分享行为的乐趣。

"爱"是人类社会一个不可缺少而又举足轻重的因素。对于学生，我们不但要为他们创设一个被爱的环境，更重要的是要让他们学会如何去爱别人。只有在"爱"与"被爱"的双重环境下，我们的下一代才可能健康地成长起来。

因此，教师在给予学生爱的同时，也要不失时机地对他们进行"爱心教育"，努力让学生的个性品质得到全面的发展，从而使我们的下一代拥有一个更加光明、辉煌的未来！

12. 学生的感恩意识培养

一提到"感恩",人们总是想到"感恩父母"、"感恩师长"、"感恩亲友"等,这无疑是对的、是应该的、是必要的。然而,在当今的学校,"感恩"应该上升到更高层次,不仅要感恩父母,更要感恩国家,感恩社会。

笔者认为学校里老师,学生家长以及全社会都要关注感恩教育。使感恩教育与日常生活、学习有机结合,并且要提高到一个新的层次和水平。我认为应从以下几个方面加以引导与培养。

教师以身作则是感恩教育的实施基础

感恩教育活动是一种养成性教育,让高中生养成好的习惯,让他们终身受益。所以,在平时活动中,教师要求学生做到的,必须自己做好榜样作用。

比如:在教育学生讲文明、讲礼貌活动中,教师首先要对学生有礼貌,学生问教师好,教师必须用亲切的语气回答"同学好!"遇见生疏人或参观的家长,教师应热情与之交谈、打招呼,无形之中便为学生树立良好的榜样作用。使学生在潜移默化的影响中受到良好的品德教育。

当好的习惯形成后,对中学生的一生都有益处。我在学校经常可以听到,我们0707班的学生自觉地使用礼貌用语,当"谢谢,不用谢,对不起,没关系,请"等好听的话成了学生们的日常用语时,做老师的我心里有一份由衷的快乐。人之初,性本善。以情感为主线,开展各种形式的感恩教育,在班中形成良好的人文风气,使高中生学会感恩,拥有一颗善良的心,等等这些,都是我们所想的,也是我们想要做到的。俗话说："亲其师，信其道"。

学会礼仪、尊重欣赏他人是感恩教育的根本

对一个人来说，礼仪是一个人的思想道德水平、文化修养、交际能力的外在表现。在人际交往过程中的行为规范称为礼节，礼仪在言语动作上的表现称为礼貌。感恩教育应注意礼仪，使人们在"敬人、自律、适度、真诚"的原则上进行人际交往，告别不文明的言行。

其基本的礼仪原则：一是敬人的原则；二是自律的原则，就是在交往过程中要克己、慎重、积极主动、自觉自愿、礼貌待人、表里如一，自我对照，自我反省，自我要求，自我检点，自我约束，不能妄自尊大，口是心非；三是适度的原则，适度得体，掌握分寸；四是真诚的原则，诚心诚意，以诚待人，不逢场作戏，言行不一。

学生是学校工作的主体，因此，学生应具有的礼仪常识是感恩教育重要的一部分。学生在课堂上，在活动中，在与教师和同学相处过程中都要遵守一定的礼仪。

（1）课堂礼仪。

遵守课堂纪律是学生最基本的礼貌。

服饰仪表：其基本要求是：合体；适时；整洁；大方；讲究场合。

（2）尊师礼仪。

学生在校园内进出或上下楼梯与老师相遇时，应主动向老师行礼问好。学生进老师的办公室时或宿舍，应先敲门，经老师允许后方可进入。在老师的工作、生活场所，不能随便翻动老师的物品。学生对老师的相貌和衣着不应指指点点，要尊重老师的习惯和人格。

（3）同学间礼仪。

同学之间的深厚友谊是生活中的一种团结友爱的力量。注意同学之间的礼仪礼貌，是你获得良好同学关系的基本要求。

（4）集会礼仪。

集会在学校是经常举行的活动。一般在操场或礼堂举行，由于参加者人数众多，又是正规场合，因此要格外注意集会中的礼仪。

（5）校内公共场所礼仪。

应该自觉保持校园整洁，不在教室、楼道、操场乱扔纸屑、果皮、不随地吐痰、不乱倒垃圾。

营造感恩教育的大环境是感恩教育的顺利保证

为了进一步加强高中生的感恩教育工作，针对当前高中生感恩意识淡化的情况，结合本校实际，2006学年开始，我们天心一中开展了一场声势浩大的感恩教育活动，使全校师生得到一次深刻的具有特色的感恩教育，从而提高学生的道德修养、人文素养和社会适应能力，促进个体的自身发展，增强社会责任感。

这个学年我担任高一0707班的班主任，我积极响应学校号召，在班上开展了感恩教育的活动。让学生从一些古今中外的名人感恩行为中获取感恩认知，开展以发生在自己身边的亲情故事为主要内容的感恩班会活动。

在开展好"感恩"教育主题班会活动的基础上，让学生走出课堂，走进生活，开展搜寻亲情感悟生活的"四对话"活动。

（1）与父母对话。

学生爱听故事是天性，请父母讲述前辈孝敬的故事，从纯朴的语言中去领略"感恩"的内涵；

（2）与教师对话。

明确"感恩"的传统美德与时代特征，知道应该弘扬什么，摒弃什么；

（3）与同学对话。

各自交流生活中是如何孝敬长辈的故事，了解"感恩"在彼此生活中的真实写照；

（4）与书本对话。

请学生走进图书馆、阅览室，并以感恩周记的形式记录下自己的感恩感悟。

如我班石鑫同学因为去年刚刚失去了父亲，她三次讲故事时都无法控制情绪而泪流满面，这给同学们的思想带来了极大的震撼。

让学生自编、自导、自演小品、相声、课本剧等，将文化艺术融入"感恩"活动中。如我班的王维与邹鹏同学表演了小品《雨中情》。在浓浓亲情的小品中让同学们身临其境，亲身感受一番，从中受到熏陶。

同时，营造了浓厚的感恩氛围，让学生在不同的场景，以各自的形式施展才华，使"感恩"教育开展的有声有色，进一步激发学生"学孝、知孝、行孝"的热情，使学生以主人翁的姿态参与到"感恩"的活动中去，去亲身体验，去感悟人生，去领悟真理。

还要求学生发现自己父母对自己的体贴与关爱，在此基础上提出了三项感恩作业：用一句话向父母表示感恩；用一个举动为父母消除疲劳；当一天"家长"为父母分担家务。同时要写好感恩周记，用心完成感恩作业，表达自己在感恩活动中的点滴感受。

"5.12"四川汶川发生8级地震，我们0707班全体同学积极募捐一千多元，同学们纷纷说，为了灾区人们能重建家园尽我们的微薄之力。家长们把孩子在家中的感恩行动记录在家校联系卡中反馈给学校，这样反复联系，使感恩教育更加深入人心。

在我班亲情故事会上，共有52位同学要求上台向同学们讲授自己的亲情故事，有故事讲说明他们已经意识到父母之爱老师之恩，说明

"爱"与"恩"的种子已经在学生心中发芽。大约有 *43* 名同学被感动得流泪或抽泣。上台讲述的同学自己声泪俱下，其他同学包括去听课的教师和别班的同学都被感动得流泪了。

陶行知先生曾说：生活就是教育，教育就是生活。当我们把感恩教育切入实际生活之时，当孩子们把感恩之心化为感恩行动之时，我们的教育目的应该是初见成效了。

多方位进行感恩意识的培养是感恩教育的成功途径

"感恩"是一种精神境界、是一种传统美德、是一种自我行为，反映了高中生的一种责任意识、自立意识及自尊意识，更是高中生社会责任感的一种写照。对高中生进行感恩教育，要让学生心灵上自我感受、自我体验、自我行动。

因此，它是一个多方位的、多形式的、多场合的正面教育、事迹感染、氛围影响的一种交融体。这种教育如果单靠班主任、辅导员等思想政治工作部门的同志进行教育，显然是不能达到满意的效果。

例如：前不久我在班上要让学生算算自己每天的花费，由此来感受父母挣钱的艰辛。这是有一定效果的，但这种教育仅仅是一种传统的感恩行为。

有人做过调查：有 *80%* 左右的青少年已经把诸如"为国家做贡献"、"增强事业责任心"等排除在自己的工作动力以外，他们基本上都将与个人利益有关的因素视作工作的主要动力。我们应该将"感恩"教育进一步引导到"感恩祖国"、"回报社会"这一层面上来，激发高中生的社会责任感，努力为国家做贡献。

中国矿业大学管理学院朱学义教授在给学生讲授《财务分析》课程时，增设了"智力投资分析"内容，引导大学生每人算了三笔账：一是父母对学生本人的智力投资；二是国家社会对学生的人均教育投资；三是学生由于学习而失去就业机会所损失的收入，即教育机会成本。

学生通过查数据、询问家长进行自我算账，一组数据让他们大为震惊：一个 1982 年出生、1984 年进幼儿园到 2003 年 22 岁大学毕业的学生，其家庭教育投资、国家社会人均教育投资和教育机会成本的数据分别为 6.5 万元、7.2 万元、9.0 万元。计算结果表明，国家社会人均教育投资是家庭教育投资的 1.1 倍（7.2/6.5）。

事实胜于雄辩，他们从数据中感慨地说："我们不仅要感谢父母，更应感谢国家和社会，因为国家和社会对我们的投入比我们父母的投入更多。"由此可见，对高中生进行"感恩教育"更有实际效果。

高中生拥有一颗感恩的心，才懂得去孝敬父母，因为他们不仅赐予我们生命，更把我们养育成人，感激父母是最起码的要求，是做人的道德底线，如果一个人连自己的父母都不爱，又怎么可能爱同学、爱社会。拥有一颗感恩的心，高中生才懂得去尊敬师长，因为老师不仅赐予了知识，更是教会了学生如何做人。

正是老师们春风化雨式的教书育人解开了学生成长路上的心结。拥有一颗感恩的心，高中生才懂得去关心、帮助他人，因为他们不仅在每个人的旅途中陪伴着自己度过了十多个春夏秋冬，更与他们在生活和学习中相互鼓励、相互支持、相互安慰、在交流中获得欢乐和充实。拥有一颗感恩的心，高中生就会拥有幸福和美好的未来。

学会感恩吧！并要把感恩的话说出来。感谢父母，感谢老师，感谢同学，感谢清洁卫生的阿姨，感谢食堂的师傅，感谢宿舍的老师，感谢学校，感谢社会，感谢大自然。学会感恩，走在人生路上，你会觉得快乐无比。

13. 学生的民主意识教育培养

学校是培养人才的基地，班级是学生成长的摇篮。而班主任是班级的组织者和领导者，在班级的教育管理上须适应时代的要求，推陈出新，勇于探索，构建出适合班级实际情况的新管理模式，才能促进学生的全面发展，才能使班级管理出成效。才能形成一个积极向上、秩序井然的优秀班集体。

笔者认为，我们的教育要培养未来有责任感的公民，就必须注重从小就开始培养学生的民主意识！正如原国家教委副主任柳斌同志所强调的："民主和法制意识是当代国民最需要的，也是最基本的素质。说老实话，我们的民主意识是不强的。民主习惯、民主作风是很薄弱的。……由此而造成许多严重后果，甚至影响到社会的安定团结，所以要从小学会讲民主，从小培养民主作风。"柳斌同志的话可谓切中时弊。

从总体上来说，当前我国广大人民群众的民主意识还不强，这与目前我们正在从事的社会主义现代化建设事业是很不适应的。众所周知，现代化的基本特征除了经济的高速度发展之外，还有一个重要内容，那就是高度的法制和民主。

而"高度的法制和民主"从何而来？它不仅要通过民主法制化使民主从法制制度上得以保证，还必须使全体公民有较强的民主意识。由此可见，对学生民主意识的培养，应该成为当下我们教育尤其是班主任工作的一项重要内容。

那么，我们班主任在班级管理的过程中应该如何培养学生的民主意识呢？

（1）要努力营造良好的班级民主管理氛围。

班主任必须得身体力行，在班级管理的过程中加强民主管理意识，促使班级形成良好的民主氛围。例如，我们班主任可以经常利用课余时间深入到学生们中间去，和他们谈谈心，倾听倾听他们的心声，在与他们交流的过程中切不可说"这件事我认为应该这样做"、"我认为你这种做法不对"、"我觉得你应该这样做"之类的话，而应该把决定权交给学生，说一些"这件事你认为应该怎样做呢?"之类的话。

当然，对于学生的意见，不能一听而过，而应该认真对待，正确的意见及时听取，错误的意见通过讨论帮助他进行矫正。这样一来，班主任放下师道尊严的架子，尊重学生，将自己置身在班级集体之中，成为集体中的一员，与学生平等相处，自然就能激发学生的主人翁意识，他们也就会"知无不言，言无不尽"，提高其在班级管理中的自主性与参与程度，从而促使其在潜移默化中形成民主意识。

（2）要制定民主性的班级管理制度。

民主的班级管理，必须做到有章可依，有规可循。例如"班委干部竞聘制"，班级选举班委干部时，应该采取"学生自荐、竞职演说、民主投票选举"的方式，为班级的民主化管理营造"自主、开放"的管理环境；选举出班干部之后，应充分激发其工作热情，充分放权，而不能使其成为自己的"傀儡"。

与此同时，还应实行"监督制度"，广泛调动全体学生参与班级管理的积极性，鼓励他们进行监督，凸现学生的主人翁意识，巩固班级凝聚力，使班级管理更加开放，为民主化管理组建了立体式操作平台；对犯错的学生，我们应该给其辩解的机会和充分的时间，在对其实施何种处理方式的问题上我们也可以采取让全班同学讨论、投票的方式决定。

对于班级工作的决策性问题，我们也应充分征求、听取广大学生的意见，让他们"自己的事情自己做主"；再如"卫生包干制"，让每个学生包干负责自己的及其位子周围的垃圾，强烈的责任心就能激发了学生们的创造性，这样不仅彻底清除了卫生死角，而且还使班级卫生保洁工作上了一个台阶……

当然，在制定这些班级管理制度时，我们决不能把它当作个人意志的体现，而是应充分发扬民主，让全体学生参与制度的制定、质疑以及修改。

可以这么说，建立了民主的管理制度，就能使班级的每位学生既是管理者、参与者又是被管理者、合作者，做到"事事有人管、人人有事管、人人有人管、人人能管人"，提高了每一位学生对班级管理的参与度，使他们在集体中找到了自己的位置，从而激发了其主人翁意识和责任意识，培养了他们的民主意识。

（3）应经常开展有效的班队活动。

班队活动是能够培养学生民主意识、责任意识、合作能力、组织能力的最佳育人阵地。每一次班队活动，主题的选定、活动的策划、节目的筹备、现场的布置等一系列环节，我们班主任切不可一手操办，或者只让其负责"体力劳动"，而应该放手交给学生们自己去完成，激发他们的活动积极性，让他们通过讨论、交流、协商、投票表决、协作等方式，通过集体的力量解决过程中的一切难题。

当然，我们班主任也不是"不闻不问"，更不能"置身事外"，而应该把自己融入其中，平等地作为集体的"普通一兵"，密切注意每一个发展阶段，适时适度地进行相关的引导。毋庸置疑，活动育人的效果是最佳的，也最易促使学生民主意识的行成，责任意识的强化。

邓小平同志曾经说过："我们进行社会主义现代化建设，是要在经济上赶上发达的资本主义国家，在政治上创造比资本主义国家的民主更高更切实的民主，并且造就比这些国家更多更优秀的人才。"因此我呼吁：为我国社会长远发展着想，作为教师的我们应该注重培养学生的民主意识！

14. 学生责任意识的培养途径

责任意识，是现代文明社会公民的基本素质。如果我们培养出来的学生是一个对国家、对社会、对朋友、对家庭、对自己负责的人，那么，我们的素质教育就取得了成功。

创设"家"的氛围，形成"向上"的灵魂

我努力在教室里营造一种"家"的氛围，让学生都来爱这个"家"，建设这个"家"，培养他们的责任意识，这是对学生进行责任教育的一个重要环节。试想：在一个窗明几净，富有极厚文化氛围的班级中学习，一定会自发地形成一股浓郁的学习风气，形成一种"向上"的灵魂。

苏霍姆林斯基曾经说过，要使教室的每一面墙壁都具有教育的作用。踏进我们班的教室，首先映入眼帘的是一组照影，那是我班学生在运动会上留下的，上面洋溢着孩子们灿烂的笑容。

教室两侧的墙上是《中学生日常行为规范》《中学生守则》和关于学习的名人名言，引导、激励着他们能将学习的目标定得高远。后墙上高高悬挂的是那些代表班级集体荣誉的奖状、各种锦旗，前墙上贴着学生自己制定出的班风"团结协助，勇攀高峰"。

这一切让学生增强了对班级的认同，谨记集体的荣誉高于一切，班级的发展是每一个人的责任。精心的布置，使学生一回到教室就有

一种家的感觉，让教室有家的味道，才能培养学生主人翁的责任感。

干净的教室不是打扫出来的，而是保持出来的。平时的工作中，我经常教育学生看到地上有纸屑就主动捡起来，课桌椅摆放整齐，小黑板、扫帚、水桶理整齐等，让每个学生都感受到主人翁的责任感，即"教室就是我的家"。教室的卫生是班级管理的基础，也是培养学生责任意识的"摇篮"。通过对教室卫生的管理，每位学生在学会了自律的同时，也学会了尊重他人、集体的利益。

为给学生创设这种氛围和环境，我经常鼓励同学们要有一股"永不服输，争创一流"的精神，时刻激发学生的斗志。尤其在期末考试前一个月，我通过学习小组的竞争让他们时刻处在这样的氛围中。

去年期末考前，我把成绩相当的同学组成一个学习小组，每组大概 7 个人左右，确定一名组长，每次考试每组淘汰最后两名，淘汰五次下降一组。有一次，我班鲁刚同学被淘汰五次下降一组时，我找他谈话，他很有信心的对我说："赵老师，五次考试以后我要再回到我原来的组"，果然五次考试他一次也没淘汰，回到了原来的组，看到他那高兴样子，我也会心地笑了。

课堂教学是主渠道，彰显"有效性"

课堂教学是实施责任教育的重要途径。许多学科课程资源都含有责任教育的内容，因此，作为教师，可以利用本学科课堂教学，积极渗透责任教育。

一是可以将责任教育的具体目标、内容和要求合理地分解，融入到对课堂教学评价体系中，引导和推动自身按照培养目标，有针对性的强化责任教育；二是可以按照中学不同年级、不同层次合理有效地对学生进行责任教育，通过由浅入深，步步递进的教育层次。我的做法就是利用思想品德课程、专题活动、合作探究和讲述真人真事等途径，集中性的对学生进行责任心及责任能力的培养。

充分的利用课堂教学，结合学习内容，抓住教材中的典型例子，适时对学生进行责任教育。教师在教育教学过程中，接触最多的是我们手中的教材。教材中有很多知识本身就是责任教育的内容，这是把责任教育科学化、系统化的有效途径，同时教材中有很多值得学生学习的鲜明的人物，尤其是某些人物的强烈的责任心，他深深地影响着我们，教育着我们，激励着我们。

因此，作为教育工作者应该好好的利用这些难得的资源，给学生直接地教育和影响，以达到激发学生的责任意识的目的。比如我在讲授政治生活中《公民的权利和义务》这一知识的时候，为了更好地让学生明确权利与义务的关系，让学生认识到履行义务是享受权利的前提和基础，我把知识和案例进行深入剖析。

首先我用多媒体介绍了"2008北京奥运会"的开幕式的幕后志愿者视频，然后利用书本上的"权利与自由的争论"案例，引导学生进行深入的讨论，让他们认识到个人的不负责任行为对社会甚至是国家会造成多大的危害，进而让学生切身体会到权利与义务的统一，从而明确树立责任意识的重要性。通过开幕式的幕后志愿者的艰辛，他们对国家和人民的高度责任心，让学生在情感上得到了升华，并坚定了承担责任的信念和决心。

班会活动是集中强化责任意识的"阵地"

有一段时间，我班学生总是埋怨上课有人说话，同学影响了我的学习，说同学毛病太多，还说有的人不热爱班集体，其实这些学生都犯了同一个毛病：只说别人，不看自己。

当然看到别人的缺点也没有什么不好，关键是他们在不知不觉中学会了推卸责任，相应地对别人要求高了，对自己要求就低了，为了引导学生自省，我和班长团支部书记一商量，决定召开一次主题班会：主题为《我与班集体》。

班会分两大板块：第一板块，在班级里我很重要吗？让学生自由讨论，并让几位代表性的同学发表意见。劳动委员单超说："自己扔一张纸，就能抹杀了全班的劳动成果。"学习基础相对差的李苏杭说："一个人没考好，拉下了全班平均分。"体育委员说："走步时，一个人没走好，影响全班形象。"所以要严格要求自己，对自己负责，对班级负责。通过讨论学生认识到每个人对班级来说都很重要，自己一举一动都关系到班级荣誉。

第二板块是："我为班级做过什么？"让他们把做过的不利于班级建设的默默说给自己听，记在心中；有利于班级建设的，大声说给同学听，当每一个学生说出自己对集体对他人的贡献时，孩子们都不约而同鼓起掌来。有些学生默默为班级做事，谁都不知道；有的孩子做了许多，说都说不完；也有几个学生平时不关心集体和他人，无话可说，自己面露惭愧之色。

这次班会对所有学生来说都是一次心灵的盘点，大家在思考自己在班里的重要性，自己的责任心，自己该为班里做点什么？在学生感激和敬佩的目光中，在那阵阵掌声中我感到学生在这次班会活动中更明确了自己的责任。

榜样力量是必由之路

威·亚历山大认为"命令只能指挥人，榜样却能吸引人"。因此，教师在责任教育上要学会树立典型，这种典型首先是自己。

俗话说：有什么样的班主任就会带出什么样的班，中学生模仿力很强，班主任的思想和一举一动都会影响感染学生。因此，我们班主任在工作中首先应具有那种"逢敌必亮剑，剑锋所指，所向披靡"和永不服输，敢于胜利的精神。在各项工作中时刻表现出一种班级工作项项争一流的"霸气"。在潜移默化中使学生形成一种，不怕困难，敢于胜利的士气。

榜样就是旗帜，榜样的力量是无穷的，具有很大的说服力和感染力，是一种无声的教育，所以在学生中树立榜样更是关键。榜样的可敬，能使学生发现与榜样的差距，引导他们向往榜样，仿效榜样；榜样的可信，能使学生感到自己是能够学好的，推动他们把榜样的言行当作自己言行的准则；榜样的可亲，能使学生把学习榜样当作自觉的行动，促使他们把榜样的精神内化为自己的责任。

因此，我结合班级的具体情况分别树立如上课专心听讲、按时完成作业、书写端正、打扫卫生干净、为班级做好事等不同类型的榜样，让不同类型的榜样引领学生前行，并适时地通过表扬和鼓励学习有责任心的学生，使班级营造出"他行，我也行"，形成你追我赶，人人好学上进的良好氛围。从而让有责任意识的榜样带动班级的责任意识教育，最终达到班级责任心上的"共同富裕"。

实践一再证明，一个从小受到良好责任教育并有责任意识的人，比没有责任意识的人成长要快些，而且长大后在人生道路上也比较容易有所作为。责任意识教育的出发点和归宿就是培养全面自由发展的人。

因此，对于当代中学生来说，加强道德修养，必须从"责任"二字做起；要想使其成为高素质人才，更要从"责任"二字做起。一个人，对自己应尽的责任认识得越早，就越能健康快速地成长；而一个真正成熟的人，也会在履行责任中实现自己的人生价值！

15. 学生合作意识的教育培养

团队合作是人类得以生存并战胜困难的可靠保证。在合作时学生能体会到自己在团队中的角色与价值，便于体现学生在教学中的主体地位。在承担任务的过程中，学生能认识到作为团队中一员的重要性，在潜移默化中，培养自己承担责任的意识和能力，培养团队精神、奉献精神和集体荣誉感。

但是，新时代的中学生大都是家庭中的"小太阳"，他们心中只有自己，没有他人和集体，时时处处以自我利益为中心。在心理上很难接纳别人，特别是在一些学习成绩不太好的学生身上，他们不但不接纳学习成绩好的学生，而且还经常表现出敌视他们的情绪。他们总有一种偏见，认为老师总偏向"好学生"。

于是便萌发出记恨这些"好学生"的心理，把老师眼里的"好学生"看成自己的对手，仇视他们，不与他们交流沟通，交朋友。这样在他们的心理上只有对抗、敌视，没有合作，更缺乏彼此之间的接纳和宽容。

当代青少年缺乏合作能力的原因

与人彼此合作的能力，正是当代青少年所缺乏的，在独生子女身上表现较为突出，在城市学校中尤为突出。究其原因有以下几方面：

（1）社会方面。

我国目前正处在改革开放、大力发展市场经济的时刻，应看到一方面既丰富了人民的物质文化生活，但另一方面也带来了负面效应，即政治、道德、文化、教育等精神活动领域、社会意识形态上出现了市场经济泛化的现象，一些人出现了思想道德水准严重滑坡，弄虚作假、拜金主义、享乐主义、个人主义有所泛滥，以权谋私、贪污腐化现象较为严重。

学校虽说是净土但绝不是真空，这些丑恶现象必然潜移默化影响学生的心灵，导致片面追求物质享受，强调自我价值，以自我为中心，集体注意观念淡薄，劳动意识不强等等问题，使学生迷失了正确的发展方向。

（2）家庭方面。

在传统的社会背景与道德环境的前提下，孩子是父母、祖父母关注、关心的焦点，可以说是家中至宝。在家庭生活中，尤其是在独生子女家庭生活中，父母、祖父母溺爱的现象在现实生活中非常突出，"小皇帝"、"小公主"比比皆是。

这些现象会对学生身心发展产生消极影响，容易形成自私、任性、骄傲、不合群等不良表现，容易在解决问题中形成以自我为中心、本位主义，与人交往缺乏合作意识，不利于与同龄人交流与合作。

（3）学校方面。应试教育机制下的评价体系对合作的排斥性使合作式学习找不到现实的目标。我国现今的教育评价体系是考察学生个体间的差异，所有重大的考试，如中考、高考等都是严格排斥学生的合作的，是排他的，考试是个体之间的竞争。

每一位考生在考场上都是依据自己平时积累的知识和经验来独立完成试题，同时，多数学校的招生的原则是择优录取，这就意味着在同一利益体上的学生是相斥而非相容。所以在实际的教学过程中，尤其是在学习测验或考试时，部分同学故意扰乱他人从而达到抬高自己，因为成长于"应试教育"环境中，学生滋生了扭曲的竞争意识，缺乏合作意识和合作能力。

当前，我们不可忽视的是，中学生缺乏合作意识是不利于在社会交往环境中得到身心的全方位锻炼、健康成长，甚至影响到合作能力的养成和终身事业的发展。正因为如此，在当前的教育发展中培养学生的团队合作意识、合作能力，地位非常重要。

培养学生合作意识的方法

（1）发挥主题班会作用。

主题班会作为班级管理的重要形式，在对学生进行德育教育，引导学生正确认识自我，规范自我行为，激发学习兴趣，增强班级凝聚力等方面的作用已为大家公认。

为了培养学生的合作能力，提高他们的沟通技巧。我特意组织召开了"沟通从心开始"主题班会，班会受到各方好评，会后一位同学在周记中写到："……过去我经常能发现周围同学的缺点，很不愿与人交往，更谈不上合作了，通过班会我深深体会到，沟通需要用心，沟通也需要技巧，今后我要努力学会用放大镜看别人的优点，对待别人的缺点要当作小数点后的数字忽略不计……"

经过老师有意识的引导，学生们也开始有意识地寻求合作的机会：一起攻克数学难题，一起查找资料，一起完成实验设计，渐渐地班级中的合作与互助已蔚然成风。

（2）建立比学赶帮的同学关系。

培养合作意识，提高合作能力，是德育的一项重要内容。充满合作的氛围，对学生良好思想、良好人格、良好心理的形成有着不可忽视的作用，对学生的成长非常有利。所以，我们应注意引导和帮助学生建立起良好的同学关系，使班级形成比学赶帮的好风气，让学生感到大家庭的温暖，从而实现大家参与，群体合作的集体自我创造、自我管理、自觉发展，为学生的主动发展提供广阔的空间。

为此，在教室座位安排上，我有意识的安排学习上实力相当，关系良好的同学坐在一起，使他们能形成浓厚的学习氛围，可以互相取长补短，比学赶帮。我高兴地经常能看到学生中午互帮互学的身影，放学后主动给同学补课的身影，正是群体合作意识的不断增强，我班的学习成绩也取得了长足的进步。

（3）利用课堂教学平台。

在听课和自己的教学实践中，经常会出现这种现象：当一个学生发言时，其他学生并没有认真听，而是一味的举手，不住地喊"老师，我来、我来"。有的学生干脆一幅"事不关己，高高挂起"的模样。

这样就不能达到合作学习的目的，因此，培养学生的交流习惯显得尤为重要。在合作讨论、交流前，我们教师首先要深入钻研教材，了解学生的实际情况，设计出具体的合作学习情景；其次要重视合作技能的训练；最后要向学生明确合作讨论的方向。

在讨论中，教师一定要走到学生中间去，参与学生的讨论；敏感地发现学生讨论中的问题，并及时做出调整；还要特别关注不善于发言的同学，促使每个学生主动、积极、愉快的展开讨论，并让每个学生都能在原由水平上得到提高，体验到成功的愉悦。讨论后，学生要进行汇报，尤其要赞许集体合作的成功，让每个学生在合作的实践中体会到个人与集体的关系，在合作的成功中找到自己的恰当位置。

交流是合作学习中的重要表现形式，通过交流而展现自我，探索真理。交流的过程亦即个体从狭隘走向广阔的过程，它带来视界的敞亮。交流由于具有平等性，能更好地促进学生的主动性、创造性和民主平等的精神的发展，也使得学生个体思考通过交流成为集体智慧。

（4）建立合理的评价机制。

教学评价是一个收集、综合和分析信息的过程，合理地运用评价可以更加全面、深入地了解学生的各项技能发展水平和发展潜力，既促进了学生自主独立的发展，又培养了学生在集体环境中的团结合作，在合作中发展。

教师在对小组活动进行评价时，要把握以下几点：①学习过程评价与学习结果评价相结合，侧重于学习过程的评价；②对合作小组集体的评价与对小组成员个人的评价相结合，侧重于对小组集体的评价；③评价的内容包括小组活动的秩序，组员参与情况，小组汇报水平，合作学习效果等方面。

我认为，在每节课后对小组合作学习进行评价汇报时，小组的合作表现应作为主要指标：看学生是不是以小组为单位组织的发言，"发言人"汇报的是不是小组学习的结果。在成绩上，用小组评价加个人表现作为对学习小组成员的评价。

这种捆绑式的成绩评价有利于学生加强小组合作，达到共同提高的目的。另外，我们可以定期进行诸如最佳学习小组、最佳小组长、最佳学习伙伴、最快进步奖等评选活动，激励学生不断提高小组合作活动的水平。

（5）通过心理健康活动和游戏。

我们教师不难看到，很多活动中学生思维活跃，表达踊跃各异，可以通过游戏和活动的方式让学生体会合作的重要和培养他们合作意识。

例如：出示一个透明玻璃瓶，里面有6个拴着线的小彩球，而瓶子的出口刚好能让一个彩球通过。现在同学们想象，这是一所着了火的房子，你们六个组员被困在里面了，而你也是其中一个。现在情况紧急，10秒钟内再不逃出去房了就将坍塌了，人也会被烧死，你该怎样逃出去呢？

在活动过程中，我深刻感受到让学生在活动中去体会，去感悟，它不同于传授和说教，学生更喜欢这种形式，那是因为对他们而言，可以轻松地通过游戏与活动认识到合作的重要性。

在现代社会，科技高度发展，任何一项发明创造，除了个人钻研，还需要集体的合作与协调。新的课程标准中明确指出培养学生解决问题的能力，要使他们学会与人合作，并能与他人交流思维的过程和结果。所以，我们必须在培养学生"学会学习"、"学会生存"的同时，还要培养学生"学会合作"，学会与他人合作才能使智慧的火花相互撞击，创新能力才能得到培养。

正像英国大文学家肖伯那所形容的：倘若你有一个苹果，我也有一个苹果，我们彼此交换这些苹果，那么，我和你仍然是各有一个苹果；但是，倘若你有一种思想，我也有一种思想，让我们彼此来交换这些思想，那么，我们每个人将各有两种思想。合作的良好品质不是一朝一夕就能形成的，要通过不断的指导，长期的熏陶，通过相互探讨，不断反思、校正，才能逐步走向成熟。

第二章

生命与社会教育指导

1. 人际交往的意义与原则

人际交往是社会关系的动态形式，人类历史的发展和社会的进步是以人际交往为条件的。人际关系对我们的生活产生着重大影响。

有一家老式旅馆，餐厅很窄小，里面只有一张餐桌，所有就餐的客人都坐在一起，彼此陌生，都觉得不知所措。突然，一位先生拿起放在面前的盐罐，微笑着递给右边的女士："我觉得青豆有点淡，您或者右边的客人需要盐吗？"女士愣了一下，但马上露出笑容，向他轻声道谢。她给自己的青豆加完盐后，便把盐罐传给了下一位客人。不知什么时候，胡椒罐和糖罐也加入了"公关"行列，餐厅里的气氛渐渐活跃起来，饭还没吃完，全桌人已经像朋友一样谈笑风生了，他们中间的冰被一只盐罐轻而易举地打破了。第二天分手的时候，他们热情地互相道别，这时，有人说："其实昨天的青豆一点也不淡。"大家会心地笑了。

有人曾慨叹人与人之间的隔膜太厚，这隔膜其实很脆弱，问题是敢于先打破它的人太少。只要每人都迈出一小步，就会发现，一个微笑，一句问候，就会化解这层隔膜。人与人之间交往的意义也就在于此。

人际交往的意义

人际交往是为了获得必要的生活资料、必要的生活协作的手段；也是人获得精神上的愉悦和满足的方式；同时也是人世世代代遗传下来的安全感的需要，可见人际交往的重要性。

人际交往的意义主要表现在以下几方面：

1. 人际交往是人身心健康的需要。著名医学、心理学专家丁攒教授曾指出："人类的心理适应，最主要的就是对人际关系的适应。"现代心理学研究表明，人类的心理病态大多是由于人际关系失调所致。这是因为：

（1）与人发生冲突会使人心灵蒙上阴影，导致精神紧张、抑郁，不仅可致心理障碍，而且可刺激下丘脑，使内分泌功能紊乱，进一步引起一系列复杂的生理变化。许多心身疾病，如冠心病、消化性溃疡、甲状腺机能亢进、偏头痛、月经失调和癌症，都与长期不良情绪和心理遭受强烈的刺激有关。

（2）每个人都有快乐和忧愁，快乐与朋友分享会更快乐，忧愁向朋友倾诉就会减轻，倾诉的过程就是减轻心理压力、缓解心理紧张的过程。如果缺乏必要的交往会导致心理负荷过重。大量的研究证实，离群索居会使人产生孤独、忧虑，可导致心理障碍。有的国家以限制人际关系、实行心理隔离作为惩罚罪犯的手段，经过数年隔离，罪犯轻者出现心理沮丧，失去语言能力，重者可患精神分裂症。

（3）愉快、广泛和深刻的心理交往有助于个性发展与健康。心理学家研究发现，如果一个人长期缺乏与别人的积极交往，缺乏稳定而良好的人际关系，这个人往往就有明显的性格缺陷。咨询发现，绝大多数中学生的心理危机都与缺乏正常的人际交往和良好的人际关系相联系。同时，心理学家也从各个不同角度做过大量的研究发现，健康的个性总是与健康的人际交往相伴随的。心理健康水平越高，与别人交往越积极，越符合社会的期望，与别人的关系也越深刻。心理学家专门研究了身体、智力和心理健康水平都很优秀的宇航员、研究生和中学生，得出了一个共同的结论：心理健康水平高的人同别人的交往以及人际关系都很好。他们有着一系列有利于积极交往和建立良好人际关系的个性特点，如友好、可靠、替别人着想、温厚、诚挚、信任别人等等。这些研究还发现，那些心理健康水平高的人，往往来自于人际关系状况良好的幸福家庭，这从一个侧面反映出了人际关系状况也影响着个性发展和健康。

2. 人际交往是人获得安全感的需要。

（1）人作为有机体，同样要遵循"生存第一"的生存法则，没有人会怀疑"自我保存"是人的最根本的原发性需要。因此，人都需要安全感。社会心理学家所做的大量研究表明，与人交往是获得安全感的最有效途径。当人们面临危险的情境而感到恐惧时，与别人在一起可以直接而有效地减少人们的恐惧感，使人们感到安宁与舒适。有人研究过战场上与部队失散的士兵的心理，发现最令散兵恐惧的不是战场的炮火硝烟，而是失去同战友联系的孤独。一旦一个散兵遇到自己的战友，哪怕完全失去了战斗力，也会感到莫大的安慰，独自一人时的高度恐惧感也会大大减轻甚至消失。

（2）人不光有生物性的安全感需要，而且还有社会性的安全感需要。当人置身于自己不能把握或控制的社会情境时，也同样会缺乏安全感。如新兵入伍来到部队，脱离了原来的人际关系支持，新的人际关系尚未建立，因而在自我稳定感和社会安全感方面就可能出现危机。在新的人际关系建立起来之前，会一直处于高度的自我防卫状态。心理学的研究发现，同生物安全感的建立相似，获得社会安全感的最有效途径同样是与人交往，并由此建立稳定的人际关系。不过与生物安全感不同，一个人要获得充分的社会安全感，仅有别人的陪伴或表面交往还很不够，社会安全感的本质是人与人之间的情感联系。只有通过交往，同别人建立了可靠的人际关系之后，人们的社会安全感才能得到确立。

3. 人际交往是人确立自我价值感的需要。人是一种理性的动物，从一个人自我意识出现的那一天起，他就开始用一定的价值观来进行自我评判。当自我价值得到确立时，人在主观上就会产生一种自信、自尊和自我稳定的感受。这就是所谓的自我价值感。人的自我价值感一旦得到确立，生活就会富有意义，使人充满生活的热情。相反，如果一个人的自我价值感得不到确立，他就没有正常的自信、自尊和自我稳定感。此时，人就会自卑、自贬、自我厌恶、自我拒绝、自暴自弃。自我价值感完全丧失，人生就不再有意义，人就只能走上自毁、自绝的道路。

人的自我意识的保持和自我价值感的确立是通过社会比较过程来实现的。一个人只有将自身置于社会背景之中，通过将自己与别人进行比较才能确立自己的价值。所以，人需要了解别人，也需要通过别人来了解自己。因此，需要同别人进行交往，需要同别人建立并保持一定的人际关系。一个人必须不断地通过社会比较获得充分信息，使自己相信自己是有价值的，才能保持其稳定的自我价值评判。如果社会比较的机会被长期剥夺，则会使人因缺乏自我状况的社会反馈信息而导致个人价值感的危机，并使人产生高度的自我不稳定感。人是不能忍受自己的价值得不到肯定的。因此，自我不稳定感会引起人的高度焦虑，并促使人去同他人进行交流，进行有意无意的社会比较，以便获得有关自我状况的社会反馈，了解自我，使自己的行为具有明确的方向，并使自我价值感重新得到确立。

对于社会比较现象的揭示和社会比较规律的发现，是社会心理学家近年来的杰出贡献。大量的科学研究揭示，人们对于自己的能力、性格与心理状态的评价，以及对人、对事、对物所持有的看法，常常是不确定的。人们要想在这些方面作出明确的判断，必须通过将自身的状况与他人的状况进行比较，找到一个参照系，并确定了自己在这一参照系中的位置之后，才能形成明确的自我评价。

4. 人际交往是人发展的需要。人际交往是个人社会化的起点和必经之路。社会化，即个人学习社会知识、生存技能和文化，从而取得社会生活的资格，开始发展自己的过程。如果没有其他个体的合作，个人是无法完成这个过程的。人只要活着，不管是否愿意，都必须与人进行交往。人一生的成长、发展、成功，无不与同他人的交往相联系。从人际关系中得到信息、机遇、扶助就可能助你走上一条成功之路。现代科学技术的发展使我们越来越依靠群体的力量，人与人之间的情感沟通和智力交往使某些工作出现质的飞跃，这种"群体效应"已越来越成为各项工作的推动力。这种效应的出现主要是在人际互动和交往中实现的。在交往过程中，彼此互相学习，共同提高，可产生 $1+1>2$ 的智力共振。

5. 人际交往是人生幸福的需要。日常生活中，往往有些人会认为，人的幸福是建立在金钱、成功、名誉和地位的基础之上的。其实，对于人生的幸福来说，所有这些远不如健康的交往和良好的人际关系重要。交往和人际关系在人们生活中的地位无法被金钱、成功、名誉和地位所取代。心理学家通过研究，发现了一个奇特的现象：自20世纪30年代以来，人们的金钱收入一直是呈上升趋势的，但是对生活感到幸福的人的比例并没有增加，而是稳定在原来的水平。这说明金钱并不能简单地决定人的幸福。

西方心理学家克林格做了一个广泛的调查，结果发现，良好的人际关系对于生活的幸福具有首要意义。当人们被问到"什么使你的生活富有意义"的时候，几乎所有的人都回答，亲密的人际关系是首要的；自己的生活是否幸福取决于自己同生活中其他人的关系是否良好，如果同配偶、恋人、孩子、父母亲、朋友及同事关系良好，有深刻的情感联系，那就会感到生活幸福且富有意义。反之，则会感到生活缺乏目标、没有动力和不幸。在这些被调查者的回答中，人际关系的重要性远远超过成功、名誉和地位，甚至超过了西方人最为尊重的宗教信仰。有一项调查表明，在我国压抑、人际关系和谐度和人际关系压力是导致自杀的三大因素。法国社会学家指出，社会关系的丧失是自杀的主要原因之一。

人际交往的原则

如何搞好人际关系是一个技术的问题。从心理上讲，不管身份高低，每个人都希望受人欢迎，因为，受人欢迎意味着对自我价值的肯定。老师希望受学生的欢迎，学生同样希望老师喜欢自己。一个人可能一时不在乎别人是否喜欢他，但是他不可能一直都不在乎。人们追求受人欢迎，是在我们一出生时就注定了的，因为我们总是不能离开他人而独立地生存。在人际关系问题上许多人共同存在的认识上的两个误区：一是对人际关系抱无所谓的态度，二是在人际关系上过分讲究谋略。

处理好人际关系的关键是要意识到他人的存在，理解他人的感受，既满足自己，又尊重别人。下面是几个重要的人际交往原则：

1. 真诚原则。真诚是打开别人心灵的金钥匙，因为真诚的人使人产生安全感，减少自我防卫。越是好的人际关系越需要交往的双方暴露一部分自我，也就是把自己的真实想法与人交流。当然，这样做也会冒一定的风险，但是完全把自我包装起来是无法获得别人的信任的。

2. 主动原则。主动对人友好，主动表达善意能够使人产生受重视的感觉，主动的人往往令人产生好感。

3. 交互原则。人们之间的善意和恶意都是相互的，一般情况下，真诚换来真诚，敌意招致敌意。因此，与人交往应以良好的动机出发。

4. 平等原则。任何好的人际关系都让人体验到自由、无拘无束的感觉。如果一方受到另一方的限制，或者一方需要看另一方的脸色行事，就无法建立起高质量的心理关系。

2. 如何正确处理好人际关系

所谓人际关系是指人们在相互交往的过程中，彼此间相互影响而形成一种心理上和社会上的联系。人际关系是在一定的社会团体中，人们之间直接的、间接的、可觉察到的并受心理特征所制约的相互交往关系。马克思曾指出，人的本质属性是社会性，人是社会性动物。因此，与人交往，不仅是每个人生活中的组成部分，也是建构人类文明的基础。

从某个角度上来说，良好的人际关系，是个体在与人交往的过程中，用诚实，宽容和谅解的原则，树立自我良好形象，形成集体中融洽的关系，并积极向外拓展自己的交际面，不断赢取他人和社会的赞誉，并辅助人生走向成功的最佳手段。

和大多数留学生一样，王林也选择打工补贴生活。一年多来，他卖过咖啡，修过汽车，也做过刷碗工。后来，他到了当地一家比萨店打工，现在成了这家店的经理。

上班没多久就当了经理，一些老员工自然很不服气，经常会弄出点状况来。这时，虚心的王林就亲自上阵排除这些故障，并和同事进行沟通。一段时间下来，他和同事们的关系也逐渐好了起来。不久后，他已经和来自印度、巴基斯坦等国的*14*位员工打成一片，同时还兼管另一家店。现在，打工收入已完全可以满足他的生活需要了。

王林正是善于把自己与同事的关系处理好，才有了最后的成功。

可见，处理好人际关系在我们生活中尤其重要。

同样，中学生也是如此。中学生的人际关系有其本身的特点。有人说学校是象牙塔，也有人说学校是小社会。一方面，学校里的人际关系其目的比社会上的单纯，学生之间一般比较重视心与心的交流，你们看重每一份真挚的友谊；另一方面，校园里的人际关系也从某些方面折射出社会上的人际关系。

中学生人际交往的特点

人际交往能力是在一个团体、群体内的与他人和谐相处的能力，人是社会的人，很难想象，离开了社会，离开了与其他人的交往，一个人的生活将会怎样？有人存在，必须要与人交往。当从学校走上社会，会与各种各样的人打交道，在与人交往中，你能否得到别人的支持、帮助，这里就会涉及到自身能力的问题。

作为中学生，其人际交往对象主要有：朋友、同学、老师、父母。其人际交往的特点主要有以下几点：

1. 与朋友间的关系。朋友之间的情谊为友谊，是建立在思想、兴趣、爱好等一致和互相依恋基础上的一种感情关系。研究表明，儿童时期情感上最依恋的是父母，朋友则处于相对次要的地位。随着年龄的增长，这种情感依恋便逐步由父母转向了朋友，并日益得以确定和加强。有研究表明，大多数人都认为自己结交朋友最多是在中学时期。

2. 与同学的关系。同学关系是中学生人际烦恼的第二大问题。大多数中学生都能在集体生活中找到归属感，与同学的关系相处融洽，但也有一部分中学生内心有强烈的交友需要，却不知如何处理同学之间的矛盾、摩擦、忌妒、歧视或误解、猜疑等。但也有一些同学对他人存在着敌意的倾向，不能抑制自己的冲动，常为一些小事与人争吵、打架。有的同学甚至仅仅因为别人学习好就对他怀有敌意。即使学习成绩很好的同学也存在这样的现象，你们不知道如何与他人好好的交往，不知该如何与人交谈。

3. 与老师的关系。作为中学生，你们不再像小学生那样视老师为至高无上的权威，你们对老师有了新的认识，并有了更高的要求。很多学生以自己对某一科老师的好恶来决定自己对这一学科的学习态度。如果科任老师给他留下的印象不佳，他就会对其所任教的学科产生厌恶心理，直接表现为不愿意学习这科知识，成绩较差；一旦对某科任老师印象较好，就会对这一学科产生浓厚的学习兴趣，学习成绩自然就会提高。

4. 与父母的关系。现在不少的中学生都觉得与父母难以沟通，有话宁可与朋友讲，也不愿与父母说。无论在价值观念、交友方式、生活习惯，乃至着装打扮等方面，都容易与父母产生摩擦，从而不断地加剧了与父母间的心理隔阂。如果在家庭中，父母讲究民主、平等，注意和你们及时沟通交流，那么你们的性格就会阳光、开朗，也就有积极上进的良好品质；而如果为人父母者望子成龙、望女成凤心切，对你们的期望值过高，管是太严，干涉太多，就会使你们形成较为严重的逆反心理；其中，你们有些家长有娇纵、溺爱的习惯，致使你们任性、懒惰、自私、依赖性强；有些父母不起表率作用，致使你们养成了抽烟、酗酒、赌博等恶习；你们其中还有些父母离异，你们得不到完整的父爱、母爱，甚至无人管束，致使你们走上犯罪的道路。

如何处理人际关系

作为中学生，处理好自己的人际关系要从以下方面做起：

1. 与朋友交往。在交往过程中不要一味付出，往往付出得越多，换来的结果却事与愿违，朋友有的时候会莫名其妙地冷淡甚至疏远自己，这对付出很多感情的同学来说，就会觉得很不公平，心理很不平衡，认为朋友不够意思，自己太傻。其实，也并不是朋友有意背叛你，在心理学上有一种社会交换原则，人们总是希望得到的不少于付出的，如果付出的多于得到的，人们心理上就会不平衡，如果得到的多于付出的，人们的心理也会不平衡。为保持付出和得到的关系平衡，人们总是要知恩图报的。如果你的付出太多，使人觉得无法回报或没有机会回报时，就会被一种愧疚感所笼罩，造成一种无形的压力，这种压力就会导致受到恩惠的一方选择冷淡或疏远。

2. 与同学交往。同学是中学生主要的交往对象，有的同学有一些苦恼和内心的秘密往往愿意向好友诉说。但其中也有一些交友不顺的烦恼，那么，怎样才能成功地与同学交往呢？

（1）塑造良好的"自我形象"。所谓"自我形象"，就是对自己有一个正确的定位和认识，就像自己站在镜子面前看到自己的一模一样。而这面镜子就是学校的老师、同学或较为密切的人对自己的评价与认识。同学们在一起受着同样的教育，生活在相同的舆论气氛中，有着共同的价值观念更新和评价标准，当你言行与"中学生形象"大相径庭时，是不受同学们欢迎的。

（2）同学之间要团结互助，珍惜友谊。帮助，不仅是解决困难上的协助和物质的支持，而且也包括感情上的支持、对痛苦的分担、观点上的赞同以及提供建设性的意见。如果你经常主动去关心别人，别人自然也会关心你，同学关系在这种彼此关心的基础上愈加和谐。和谐产生友谊，友谊使人欣慰。中学阶段的友谊高尚、纯真、终生难忘，我们每个人都应该珍惜、巩固、发展这种友谊。帮助别人是一种美德，也是建立深厚友谊的基础，正如马克思所说："友谊需要忠诚去播种，热情去灌溉，原则去培养，谅解去护理。"因此，如果你是一个乐于帮助别人的人，你一定会赢得真正的朋友和友谊。

（3）以诚相待，宽宏大度。诚是与人交往的基础，朋友间掏心窝子的话，这是以诚相待换得心与心的交流，宽宏大度能消除误会，得到信任。

（4）把握男女同学间交往的分寸。男女同学之间的交往有利于智力上互偿，情感上互慰，个性上互补，活动中互酬。但中学生正处于青春期，把握好男女同学交往的分寸，不仅要发展同学间的友谊，又要避免过分地亲昵和随便。

3. 与老师交往。"亲其师而信其道"，师生关系融洽，教、学的双边活动才能收到最佳的教学效果。那么，怎样能建立起融洽的师生关系呢？

（1）尊敬老师。"尊师重教"是我们中华民族的传统美德。老师终年呕心沥血，进行着艰苦而繁重的劳动，他们就像蜡烛一样燃烧了自己，照亮了别人，理应受到同学的尊重，受到全社会的尊重。尊敬老师，重要的是要尊重老师的劳动。专心听讲，积极思考，认真作业。每个人都希望别人尊重自己，如果你和别人说话，他爱理不理，你会喜欢这个人吗？在学习过程中，多一些勤奋和虚心，少一些自大和埋怨。尊重老师，尊重老师的劳动，是师生和谐相处的基本前提。

（2）正确对待老师的过失，委婉地向老师提出意见。心理学研究表明，人们会对没有缺点的人敬而远之。其实，世界上没有零缺点的人存在。同样，老师也是不完美的，若他的想法不是太正确，对同学有些误解或是太严厉。如果发现老师的不足要持理解态度，在向老师提意见时，语气要婉转，时机要适当。如果老师冤枉了你，暂时忍一忍，等大家都心平气和时再说。要置老师于长者的地位，照顾老师的自尊心和面子。

（3）对老师的要求和期望要实事求是。社会对教师有较高的社会期望和较多的价值标准。而在实际生活中老师常常面临着诸多的烦恼，也有喜怒哀乐，也有情绪差做错事的时候。如错怪了同学，要学会体谅老师，采用冷处理、先回避的策略，然后采用适当的方法向老师解释。老师能感受到你对他的理解和信任，这样一来，不仅密切了师生关系，也使老师的精神境界得到升华。

（4）犯了错误要勇于承认并及时改正。有的同学明知道自己错了，受到批评，即使心里已经知道自己不对，嘴上却不认错；有的人则相反，受过一次批评后，就特别怕那个老师，担心他对自己有成见。这都是没有必要的。错了就错了，主动向老师承认，及时改正，老师一样会喜欢。没有哪个老师会因为学生的一次犯错，就对学生下定论，说他是坏学生，就对他有成见，相信每个老师都会比较全面、客观地评价学生的。

4. 与父母交往。心理学家认为，子女和父母之间产生矛盾是难免的，并形象地把这一现象称为"代沟"。在每个家庭中，"代沟"的深浅和可跨程度是不相同的，子女和父母两代人相互埋怨，无视现实，各执一方，互不相让，这时"代沟"必然会加深；如果两代人能相互尊重、相互理解，兼容并包，兼收并蓄，相信"代沟"必然缩小。但要减少"代沟冲突"需要双方共同的努力。那么，作为中学生应怎样做呢？

（1）尊敬父母。每个父母都在无私地担负着教育、抚养子女的社会职责，常年操劳，省吃俭用，精心地安排子女的生活，教给子女做人的道理，体贴细微，无所不包，这是人世间没有任何感情能代替了的；因此，父母理应受到子女的尊敬。尊敬父母是我们民族的美德，尊敬父母应体现在行动上：如虚心听取父母教诲，接受他们正确的、合理的建议和要求。如果父母的意见是错误的，也不要公开顶撞，可以用温和、委婉的方式表明你的看法，使他们乐意地接受并认同你的意见。犯了错误要敢于承认错误，向父母说清楚，以求得他们的谅解和帮助，并下定决定改正。

（2）多与父母谈心，缩短感情距离。由于父母和子女生活的环境、社会的责任存在着差别，在思想、观念、意识、感情、行为方式等方面有较大的不同，可以通过多谈心、多交心，向父母介绍一些你所学的新知识和新事物，谈谈你的所思所想，征求父母的意见，了解父母坎坷的经历和希望要求，不仅能沟通思想，增进了解，同时也换取爱心，达到感情和心灵的融洽，"代沟"也便可以彼此跨越了。

（3）善于反思，加强修养。现代的中学生思想开放，气宇轩昂，大有天塌下来也能顶得住的气概，这对自己的学习生活都有积极作用；但在与父母的交往中不可有如此"血气方刚"，要学会冷静、遇事退避三舍地反思一下；如此一来，不仅可以避免争辩产生的不愉快，而且可以博得父母的信任而尊重你的意见，从而形成亲密、和谐、融洽的气氛。

中学生的人际关系对其学习、生活、身心的健康成长都有着不可分割的联系。中学生应正确处理好人际关系，为自己创设一个良好的人际关系，让自己健康成长。

3. 尊重他人，才能得到尊重

尊重他人是文明的起点，中学生朋友应该知道我们的祖国是一个具有悠久历史的文明古国。作为一个中国人，作为一名中学生，首先应该做到讲文明，懂礼貌。而尊重他人便是做人的基本美德，一切不文明的行为都是不尊重他人的表现。将心比心，凡事要替他人多想，每个人都有自尊，只有去尊重别人，才会赢得别人的尊重。人活在世上，必须和别人交往，与人交往对我们的生活有着重要意义。在交往的过程中，尊重他人是一种最基本的礼貌。

英国著名的戏剧家、诺贝尔文学奖获得者萧伯纳，有一次，他在苏联访问，在莫斯科街头散步时遇到一个非常可爱的小女孩。萧伯纳在那里和小女孩玩了很久、很开心，在分手的时候，他对小女孩说："回去告诉你的妈妈，你今天和伟大的萧伯纳一起玩了。"小女孩儿也学着大人的口气说："回去告诉你妈妈，你今天和苏联女孩儿安妮娜一起玩了。"这句话让萧伯纳很是吃惊，他立刻意识到自己的傲慢，并连忙向小女孩儿道歉。

一直到后来，每每萧伯纳回想起这件事，都感慨万千。他说："一个人无论有多么大的成就，对任何人都应该平等相待，应该永远谦虚。"

这是一个人懂得尊重他人的谦虚，也是得到他人尊重的前提。

尊重，道德的表现

尊重是一滴水，一滴干渴时的甘露；尊重是一朵花，一朵开在心间的花；尊重是一条路，一条通往美好的路；尊重是一团火，一团温暖你我的火。尊重是一缕春风，一泓清泉，一颗给人温暖的舒心丸，一剂催人奋进的强心针。它常常与真诚、谦逊、宽容、赞赏、善良、友爱相得益彰，与虚伪、狂妄、苛刻、嘲讽、凶恶、势利水火不容。给成功的人以尊重，表明自己对他的敬佩、赞美与追求，以他为榜样；给失败的人以尊重，表明自己对他的鼓励、认同与祝福，他会以你为榜样。

人与人之间的沟通与交流，都应建立在真诚与尊重的基础上。人惟有尊重他人，才能尊重自己，才能赢得他人对自己的尊重。尊重他人不仅仅是一种态度，也是一种能力和美德，它需要设身处地为他人着想，给别人面子，维护他人的尊严。

一个纽约商人看到一个衣衫褴褛的铅笔推销员在地铁站卖铅笔，出于怜悯，他塞给那个人一元钱，不一会他返回来又取了几支铅笔并抱歉地解释自己忘取笔了。然后又说："你跟我都是商人，你也有东西要卖。"几个月后，他们再次相遇，那卖笔的人已成为推销商，他充满感激地对纽约商人说："谢谢您，您给了我自尊，是您告诉了我，我是个商人。"

这个故事告诉我们，尊重别人是崇高道德的表现。在生活中，每个人都有能力给需要帮助的人一些力所能及的帮助，可是，在帮助他人的同时，考虑到他人的自尊却不是每个人都能做的到。从这一点来说，那么纽约商人的做法的确让人敬佩，因为他很懂得去尊重别人。尊重别人不仅可以使自己的心灵受到深深的震撼，更可以使他人拥有自尊和自信。纽约商人几句话让铅笔推销员从乞丐的自卑中解脱出来，自信地踏上经商之路。可见，尊重的力量是无穷大的，它可以让失望的人们看到光明，让自卑的人们找到自信，甚至可以改变一个人的一生。

每个人在这个世上，都不可能做到尽善尽美，完美无缺，所以，你没有理由以高山仰视的目光去审视别人，也没有资格用不屑一顾的神情去嘲笑他人。假如别人某些方面不如自己，不要用傲慢和不敬的话去伤害别人的自尊；假如自己某些方面不如别人，也不必以自卑或嫉妒去代替应有的尊重。一个懂得用心去尊重别人的人，一定会受到他人的尊重。

尊重，心灵的碰撞

一个不懂得尊重他人的人，绝不会得到别人的尊重。就如一个人对着空旷的大山大声呼喊，你对它发泄不满，它也对你不满；你对它友好，它友好回应。在人与人之间的交往中，自己待人、处事的态度往往决定了别人对你的态度。这一点，中学生尤其要懂得。

有人曾这样说过：知惧怕，就是对法规的尊重，就是信服法规的威严；知羞耻，就是对道义的尊重，就是坚守道德的底线；知艰辛，就是对劳动、对师长的尊重，就是找到了学习的动力、勤奋的理由。从某种意义上来讲，一个从内心懂得去尊重他人的人，或者一个致力于要学会去尊重他人的人，无疑，他的人生一定是一个圆满成功的。

尊重是什么呢？尊重就像一个善解人意的小姑娘，她透明的微笑叫理解，她淳朴的心灵叫高尚；尊重又像一位德高望重的学者，饱含待人处世的智慧，尽显人格操守的高贵。

尊重是一种发自内心的对生命的热爱，尊重你周围的一切，就是对自己的尊重。现在，你该明白尊重是什么了吧。当你跋涉在崎岖的山路，朋友鼓励的目光推动着你，那是尊重；当你遭遇到人生的挫折，老师温暖的双手紧握着你，那是尊重；当你拾起马路上的垃圾，路人赞许的微笑感染着你，那是尊重；当你懊悔曾经的过失，父母的宽厚与理解包容着你，那是尊重。生活中，到处都充满了尊重，用心去发现，用心去尊重，你一定会收获一个最美丽的生活。

4. 信任是人际交往的基础

如果说小时候的友谊纯洁如淡雅的花香，时时飘来清新的气息，那么，中学时的友谊就是一杯浓茶，值得用一生一世去品味。

有人说，没有朋友的人，是很可怜的，他的面前是一片荒野。常言道，一个篱笆要打三个桩，一个好汉要有三个帮。人总是生活在一定社会关系中，无论是物质生活还是精神生活，都不能孤立地进行，必须互相依存，互相交往。于是在客观上就会产生这种互相交往的需要。生活中没有友谊是不可想象的。

每一个人进入高中的目的都不仅仅是读书、学习、考试、拿到毕业文凭，而是渴望在学校中广交朋友，寻找真正的、纯洁的、高尚的友谊。但真正纯洁的友谊是建立在互相信任的基础上的。

有这样一个寓言故事：老母鸡费尽周折终于逮到一只大蚂蚱回来喂小鸡，老公鸡在一旁看到了便用疑惑的眼神对老母鸡说："你单独怎么能捉到这只蚂蚱的?"。因为上次比这只小的蚂蚱还是老公鸡帮它一起逮的。听了老公鸡的话，老母鸡觉得有些委屈，眼泪含在眼里。

一旁正准备打盹的老猫见此情景，忙数落起老公鸡："你啊，成天疑神疑鬼的，没看见你老婆身上的鸡毛都乱蓬蓬的了，我能证明这只蚂蚱是她自己抓的。真是神经病一个。"公鸡本身并没有恶意，但是当时它想，凭母鸡一个怎么能逮到这么大的蚂蚱? 会不会是其他老公鸡帮了他的忙? 面对此种情况，老母鸡实在是忍无可忍，最后要提出与公鸡离婚。

当你们读完这个故事也许会忍不住会笑，但是它里面却隐含着非常丰富的内容。维系夫妻感情的砝码就是双方无条件地相互信任。夫妻之间如此，更何况是朋友之间呢?

信任是沟通的桥梁

人的一生中，结交朋友、获得友谊是令人愉快和幸福的，世界上没有比友谊更美好、更神圣的了。但赢得友谊的第一步就是双方要有最起码的信任。

信任一个人有时需要许多年的时间。因此，有些人甚至终其一生也没有真正信任过任何一个人，倘若你只信任那些能够讨你欢心的人，那是毫无意义的；倘若你信任你所见到的每一个人，那你就是一个傻瓜；倘若你毫不犹疑、匆匆忙忙地去信任一个。

信任是一扇由内而外的大门，它无法由别人从外面打开。有很多时候自己无法要求别人信任自己，因为自己是一切的根源，一切都是因为自己，所以要赢得别人的信任就要首先去信任别人。

真诚最能得到别人的信任，在现今这个社会，人们都很有心计，但太有心计而处处心存不诡的人永远也得不到别人的信任。只要你用真诚的心去对待对方，大多数人都不会太疏远你的。

但如何去做一个值得别人信任的人呢？要牢记下面的真诀：

1. 真实。对待朋友要真实，不要带有任何的虚假、虚伪、欺骗乃至包装的行为，哪怕是一点点都可能成为别人对自己的不信任根源。

2. 坦诚。不要有、也不要让对方感觉到你有值得怀疑的目的与言行。即使你已让对方产生误解，只要你开诚布公、心胸坦荡与对方沟通，依然能重新获取信任。

3. 忠诚。忠诚为信任之本，对朋友的任何背叛都会让人毫不犹豫地让朋友将你打入沟通的另册中。

4. 廉正。你的清廉、正直、有原则的品格会很容易使人感到你是一个值得信赖的人。

5. 责任。言必行、行必果，讲究信誉，履行承诺，愿意、敢于、能够承担责任的人，一定会赢得别人的信任。

6. 诚心。诚心、诚意、诚恳，精诚所至，金石为开。

先去信任别人

不少中学生在交友过程中，感到友谊难以寻求，难以捉摸，并为此而困惑苦恼。要怎样获得信任与真诚的友谊这当然不是靠金钱地位，不靠虚假的热情，靠的是真诚的奉献，靠的是对朋友最基本的信任。

　　人与人之间相处是很微妙的，不是说怎样去相信别人，主要是看那人是否值得你去相信，所以要先判断什么人是值得相信的，你相信一个人要从平时相处的点点滴滴来看，还有要看是在什么事情上，有的事你是自己可以判断是否值得相信，慢慢的适应着去相信些不重要的事情，主要是要相信自己的判断，你一定能行！

　　信任是人与人之间沟通的先决条件，如果你取得别人的信任，那么你便会活得充实精彩。同样，你只有信任别人，和别人交往才会有意义。取得别人的信任关键，是坦诚地去面对身边的人和事。踏实会给你带来好运。当你与别人以诚相待时，别人也会以同样的方式对待你。你不应该避讳别人的询问或交谈的话题。

　　取得别人的信任，还得靠自己的能力。如果你具备值得别人肯定的素质，你同样会得到别人的喜欢。就像 NBA 球员一样，如果能发挥稳定并且有好的表现的话，你会得到队友、教练等人的信任。所以说，能力是占第一位的，无论做什么事情，你都得具有很强的能力，才会赢得尊重，取得别人的肯定与信任。

　　如果他是你的朋友，朋友之间首先就是信任，如果你不信任他，或不想信任他，那还叫什么朋友？你真把她当作你的朋友，那就要彼此建立在相互信任的基础上，互敬互谅，真诚相待，才能达到心心相印，亲密无间。

5. 虚伪是破坏人际关系的魔鬼

　　虚伪可以理解为虚情假意，伪装以欺人耳目骗取他人的信任。埃德蒙·伯克说过：虚伪喜欢躲藏在最高尚的思考之中。它从来企图脱离思考，因为思考能使它不费吹灰之力就获得高尚的美名。富兰克林也说过：在这个世界上的众多事务中，人们所以得到拯救，并非由于忠诚，而是由于缺乏忠诚。泰戈尔说过：虚伪永远不能凭借它生长在权力中而变成真实。

从某种意义上说：虚伪是一种心理特征，表示为一种心理。心里明明希望这样子但是语言上或行为上却恰恰相反，虚伪的目的是不愿被人知道自己内心真正的想法，或者是试图对别人的反应所做的试探。其出发点往往是为了保护自己，修饰自己的外在表现。这种表现在当今的中学生中很常见，也是影响中学生交往的主要障碍。

在当今21世纪，中学生的虚伪心理已开始普遍泛滥、传播。怀有虚伪心理的学生，他们不会把自己的虚伪展示于众人面前，他们也要与其他真诚而无心机的同学一样，把自己伪装成一位天真的中学生。人偶尔虚伪一下没关系，也符合人的本性，但如果虚伪成性，那么这个人的人品就值得怀疑了。

李某是一个初二的学生，放寒假的时候，他的同学好多人都跟着自己的父母去外地旅游了，李某也跟同学们说自己去陕西西安看兵马俑了。实际上李某却跟着父母串串亲戚，没事在家看看电视或者是逛逛商场，就这样寒假马上就要结束了。他的同学纷纷把自己在外地带回来的纪念品送给李某，并且向李某索要纪念品。李某说等到开学时，自己一定把纪念品送给他们。没办法他只好给在西安工作的小姨打电话，让她寄一些兵马俑泥塑品和西安剪纸，以解他的燃眉之急。

俄罗斯有句话叫：蚜虫吃青草，锈吃铁，虚伪吃灵魂。英国也有句话叫：虚伪鼓动我们把自己的罪恶用美德的外衣掩盖起来，企图避免别人的责难。虚伪是一种灾难，不仅会害人，而且还会害己。虚伪是人际交往中的大忌，是破坏人际关系的魔鬼。

虚伪害己也害人

虚伪的真诚，比魔鬼还可怕。中学生之所以会产生虚伪的心理是因为他们过于好强，碍于面子。比如，为了证明自己比人强，就是没有把握的事情，他们也会选择去做，或是碍于面子问题，而不好拒绝某人所请求的事情。

另外，他们之所以虚伪是因为他们还处于心理与身体的成长与发育期，各方面还不成熟，好攀比，追求享乐造成的。比如：A 同学看到 B 同学的鞋子是某品牌，为了在气势上不输给他，就说："算了吧，我要是想要，我爸爸、妈妈肯定会给我买的。拿上个星期来说吧，我和妈妈一起出去逛街，妈妈看到一套特别漂亮的衣服，问也不问价钱就非要给我买，要不是我拦着我早就穿在身上了，还轮到你在这里炫耀你那双鞋子，那套衣服不知道比你这双鞋子要贵多少倍呢？我之所以不想要是因为觉得我爸爸、妈妈挣钱不容易，而且老师也说了要以勤俭为德吗。"

当今造成中学生虚伪的心理也与不当的家教有关。在家庭生活中，父母总是把自己认为最好的给你们，不管你们是否喜欢，是否愿意接受。如果你们不愿意接受，他们就用一大堆道理进行轰炸，直到你们听话。但是，你们有些为了图个省心和省力，也避免父母的轰炸，就开始了你们的"虚伪"计划。

虚伪之人往往都是自身的心理问题在作祟，你们常常把自己真实的一面掩藏起来，露出本不属于你们的一面。这样的人心理的压力大，因为你们总是扮演着不同的角色，不单自己累，你们身边的人也很累。诸如：受批评或者是挨检讨了，你们心里很不舒服，但是嘴上却是"深受教诲"之类的话。对于某人本来看不惯，觉得他是个平庸、无能之人，嘴上却是什么"聪明才智、人品高尚"之类的话。对于要做的某些事，本来心里很不乐意却又装出很愿意去做样子。凡此种种，不能尽述。

虚伪语言害处多

俗话说：针孔的伤口虽然小，但是毒性大；虚伪的语言虽然婉转，但是害处多。宁愿听痛苦的实话，也不要靠假话求开脱。格拉宁也说过：虚伪不可能创造任何东西，因为虚伪本身什么也不是。虚伪就是表里不一、口是心非、口蜜腹剑、笑里藏刀。虚伪就是违心的恭维。

要改变虚伪的习惯就要先改变自己，中学生应该认识到，虚伪是人性丑陋的一面。在与朋友相处时，如果口是心非，是很难得到朋友的信任的，也就交不到真正的友谊。另外，对自己也危害极大，例如，在课堂上老师问同学们："是否理解了今天所讲课的内容？"你看到所有的同学都举起了手表示已经完全理解，但是唯独自己没有理解，但为了隐藏自己的愚笨，同其它同学一起举起了手，假装也理解。这种口是心非的做法对自己是很有害的。

既然，虚伪是人性丑陋的一面，所以个人应该改变，不要试图去改变别人，只要自己不虚伪并能为人着想，多忍耐就可以了，这样生活的会更快乐。

世界上没有人愿意与虚伪的人相处。假如你对朋友也很虚伪时，就要使自己真诚待人。面对带有虚伪心理的中学生，最主要的是消除你们内心的芥蒂心理，让你们在外人面前没有心理负担，不必戴着面具生活，还你们本来的内心真相。

6. 怎样与人建立真挚的友谊

友谊，在中学生的生活中占据着十分重要和特殊的地位。同学、朋友之间的情谊称友谊，它是建立在理想、兴趣、爱好等一致和相互依恋基础上的一种感情关系。只要我们正确地把握同学朋友之间的交往，友谊就会长久；反之，友谊则如昙花一现，稍纵即逝。那么，中学生怎样才能把握同学间正常的交往呢？

友谊，是人与人之间一种美好而又亲密的情谊，是激励人前进、促进人全面发展的精神力量。人们通过人际交往，以及在交往中建立起来的友谊，可以从中获得一种归属感，可以更深刻、更生动地体会到人类一致的价值，以至成为推动人们行动的动力。

马克思和恩格斯的友谊是人类友谊的典范。从 1842 年马克思和恩格斯第一次会晤起，40 年里，他们在领导国际共产主义运动的伟大斗争中，团结作战，患难与共，建立了真挚的友谊。由于革命斗争需要，他们曾身处两地近 20 年，但他们之间的关系不仅没有因此而疏远，反而联系越来越密切。他们几乎每天都要通信，交谈各种政治事件和科学理论问题，共同指导着各国的无产阶级革命运动。马克思不仅十分钦佩恩格斯的渊博学识和高尚人格，而且对恩格斯的身体也很关心。有一个时期，恩格斯生病，马克思时时挂在心上，他在给恩格斯的信中说："我关切你的身体健康，如同自己患病一样，也许还要厉害些。"恩格斯为了"保存最优秀的思想家"，在经济上资助贫困的马克思，使其能专心致力于革命理论的研究，他违背自己本来的意愿，到父亲经营的公司中去从事那"鬼商业"的工作。当《资本论》第一卷付印的时候，马克思给恩格斯写信说："其所以能够如此，我只有感谢你！没有你为我的牺牲，我是绝不可能完成三卷书的巨大工作的。我满怀感激的心情拥抱你。"恩格斯尽管做出了巨大牺牲，但他始终认为，能够同马克思并肩战斗 40 年，是一生中最大的幸福。

马克思与恩格斯之间的这种崇高的革命友谊，正如列宁所赞扬的，它"超过了古人关于友谊的一切最动人的传说"。友谊是人与人之间长久相处建立起来的情谊，是在交往中相互信任的基础上建立的。友谊是连接一个人和另一个人心灵的索桥。这桥是如此坚固、如此崭新、对对方是如此重要。

交友三原则

友谊是每个人都曾经拥有过，也曾经失去过的。而失去的原因，就是不懂得友谊的真正含义。朋友之间难免有一些摩擦或一些矛盾，只要双方互相理解、宽容、原谅，不愉快就会烟消云散，彼此的友谊也会更加深厚。

真正的友谊是不含有嫉妒心理的，当朋友取得某方面的成就时，你应该学会欣赏他的成功。因为嫉妒会伤害了朋友，还会使自己失去朋友，在朋友需要帮助时，你就要尽心尽力为朋友排除烦恼，克服心理障碍。

有位哲人这样评价友谊："得不到友谊的人将是终身的孤独者，没有友谊的社会，只有一偏繁华的沙漠。"可见友谊在人生的道路上起着重要作用。

中学生陈某是三好学生，学习成绩在班里名列前茅，老师夸他有出息，父母为他高兴，同学都羡慕他。他自己也很努力，可是最后他的学习成绩直线下滑。原因是结交了不该交的朋友。

事实上，像这样因交友不慎而犯错误的事例屡见不鲜。中学生正处在长知识，长身体的关键时期，有着很强的可塑性，交往什么样的朋友直接影响着中学生的未来。

因此，要善交益友。应该同那些能够帮助自己进步，能够在某些方面给自己以良好影响的人交朋友。每个人都希望自己能够结交益友，让友谊的力量来为自己的进步助一臂之力。那么，每个人也应该同时完善自我，争取成为他人心目中的益友。

不交损友。损友，指对自己的道德品行产生不良影响的朋友。他会在不知不觉中用不良的东西影响你，腐蚀你，导致你在道德品行上倒退，严重者甚至使你走上违法犯罪的道路，从而毁掉你的一生。与其它情感一样，友谊也有一个品质问题，也有品质的高低、优劣之分。与损友相交，那种友谊必是低品质的、有害的。

乐交净友。净友，能够直言不讳地指出自己的错误，批评、帮助自己。真挚的友谊，不仅表现在能与朋友共享欢乐，能为朋友排解烦恼，能替朋友分担不幸；还表现为对朋友的缺点和错误能进行坦率地批评与诚恳地劝告。乐交净友需要具备听取逆耳忠言的度量和知错必改的勇气。因此，面对朋友直言不讳地批评，一定不要生气、记恨朋友，而应该欣然接受，并且衷心地感谢朋友，做到乐交净友。

善交益友、乐交净友、不交损友，是交友的三原则。只有掌握好这三原则，才能建立起高品质的友谊，从而对人一生的发展起到积极的推动作用。

与人建立真正的友谊

在人的一生中，友谊是鼓舞人前进，促进人发展的重要力量，它对一个人的人格完善，特别是对人的道德培养具有十分重要的意义。作为中学生，要获得真挚的友谊，保持发展朋友关系就要努力做到以下几点：

1. 广泛交友。这不仅有助于寻觅知音，更重要的是可以开阔视野、增长见识，从而促进情感升华、道德发展。

2. 慎重交友。人际交往必须有所选择，不能无目的地滥交朋友。

3. 以心换心。友谊是相互的，只有关心理解别人，才会得到别人的理解和关心。

4. 坚持原则。朋友交往必须坚持原则，那种不分是非的江湖义气，不讲好歹的曲意迁就，绝不是健康的交往和友谊。

5. 异性交友。异性友谊不是爱情，男女同学交往应端正动机，保持人际距离，理智地把握好友谊与爱情的界限。

6. 珍视友谊。珍惜得之不易的友情，多进行联系和接触，友谊才能持久。

友谊，是人与人之间交往而形成的。假如生活中没有了友谊，那么世界将变得空虚，冷漠。然而，友谊是建立在诚实之上，而不是建立在物质上的，而忠诚是赢得友谊的法宝。在古希腊神话里，亚逊斯有一次到了阿尔卑斯山下，遇到了天神，天神说："亚逊斯，你有朋友吗？"亚逊斯说："有，他爱我胜过爱你。"这句话激怒了天神，他决心杀掉亚逊斯的这位朋友，便询问这位朋友是谁。亚逊斯看出了天神的用意，就闭口不答。

天神许诺让亚逊斯成为一个尊贵的国王，拥有美丽的妻子。但这一切都没能打动亚逊斯的心。然而，天神还是抓到了亚逊斯的朋友，他没有立刻杀死他，因为他对亚逊斯所说的话并不是完全相信。于是他就用同样的手段引诱亚逊斯的朋友，只要他愿意背叛亚逊斯，他就得到一切：财富、权势、美色。但是亚逊斯的朋友并没有动心。天神很是感动，就放了他们。亚逊斯和他的朋友彼此忠诚、信任，凭此共渡了难关。

可见，忠诚是友谊的基石，只有彼此忠诚，朋友之间的情谊才会牢固。勾心斗角或建立在利益关系上的友谊皆失去了忠诚，也就失去了真正的情谊。

与人建立良好的关系，给人帮助是很重要的。这种帮助，不是简单地指金钱、物质上的帮助，更重要的是出于真心的感情上的交流、精神上的慰藉，以及对痛苦的分担、对困难的解决。在你生病的时候，同学陪你去医院，或者在你学习上有困难的时候，有人帮你耐心的讲解，你对这个人的接纳程度将远远高于其他人。

学会帮助人，将使你更容易与他人建立密切的联系。人生离不开友谊，事业离不开友谊。一个人要想成就一番事业，离不开朋友们的帮助。与朋友建立了真挚友谊，就会使人奋发向上，充满活力、更加幸福。

7. 如何克服交往中的多疑心理

据有关专家调查表明，在当今的大多数中学生中，经常产生敏感多疑的心理障碍，整天疑心重重、无中生有，认为人人都不可信、不可交。如：有的人见到几个同学背着他讲话，就会怀疑是在讲他的坏话；上课时不敢抬头看黑板。因为看黑板，就会看到老师，与老师目光接触，老师就会洞察出她"肮脏的心灵"。为了不让老师体洞察出她所谓的"肮脏的灵魂"，就完全靠听觉来听课。可想而知，他（她）的课堂学习效率有非常低，成绩非常差。老师有时对他态度冷淡一些，又会觉得老师对自己有了看法。还有的学生，感到老师在课堂上的一言一行都是冲着她的，不论男老师和女老师，他（她）都会偷偷的骂老师是"流氓"。有的学生怀疑自己的某个部位有毛病，其实，通过严格的体检，发育正常。即使在好几个医院检查的都一致："正常"，仍然觉得自己的身体异常。于是成天都是提心吊胆地学习、生活，内心总有解不开的疑惑，总有摆脱不了的矛盾，学习成绩也一差再差，生活得很累。

小于自从上大学后，开始过分注意别人的评价，对自己很不自信，不管干什么事，都持有怀疑的态度，慢慢地他便出现了多疑的毛病。有一次，他在图书馆自习时，因为争座位，与一个女同学争吵起来，最后还是那个女同学赢了"战争"。当时周围有许多同学围观。此后在班里只要听同学说谁在图书馆出过丑，他都认为同学是在说他，总感觉那些同学看不起他，嘲笑他。其实事情过去那么久了，谁还会记得他那次在图书馆与别人争座位呢？

中学生的多疑心态，往往通过"想象"把生活中发生的无关事件凑合在一起，或者无中生有地制造出某些事件来证实自己的成见，往往别人无意的行为就能让多疑的人误解为别人对自己怀有敌意，没有足够根据就怀疑别人对自己进行欺骗、伤害、暗算、耍弄阴谋诡计，甚至把别人的善意曲解为恶意，以致与人隔阂，在人际交往中自筑鸿沟，严重时还有可能反目成仇。

多疑心理产生的原因

著名的哲学家培根曾说过："猜疑之心犹如蝙蝠，它总是在黑暗中起飞。这种心情是迷陷人的，又是乱人心智的。它能使人陷入迷惘，混淆敌友，从而破坏人的事业。"在日常生活中，我们常常会碰到一些疑心重重的人。比如，对他说一句问候的话，他也再三品味"言下之意"；你无意中的一个玩笑，他就会认为你是笑里藏刀、不怀好意；看见两个人小声说话，他就猜想是在议论自己的缺点等，这些生活中的小细节常常令疑心较重的人左思右想。那种高度的警觉性和冲动的性格，令人不得不敬而远之。

那么究竟是什么原因让中学生产生这种多疑敏感的心理呢？

1. 家庭因素。造成你们多疑敏感的主要原因就是家庭方面的不良影响形成的。如：有的父母，多疑敏感，你们靠观察学习获得；有的是父母间经常发生冲突、争吵、打架，你们的心理长期紧张不安，你们为一点小事就焦虑万分；有的是父母太娇惯你们，你们在家里以自我中心，到了学校，认为自己完美无缺，看不惯别人的言行，认为别

人都是与他或她作对。

2. 假想目标在作怪。对某人或某事猜疑一般都是从某一假想目标开始，最后又回到假想目标，就像日常我们画一个圆圈一样，越画越粗，越画越圆。最典型的例子就是"疑人偷斧"的寓言了：一个人丢失了斧头，怀疑是邻居的儿子偷的。从这个假想目标出发，他观察邻居儿子的言谈举止、神色仪态，无一不是偷斧的样子，思索的结果进一步巩固和强化了原先的假想目标，他断定贼非邻子莫属了。可是，不久在山谷里找到了斧头，再看那个邻居儿子，竟然一点也不像偷斧者。现实生活中猜疑心理的产生和发展，几乎都同这种假想目标主宰了正常思维密切相关。

3. 对曾受过交往挫折的一种自我防卫。有些中学生产生此种心理，可能是因为以前由于太轻信于人，在与他人交往的过程中曾挨过骗，蒙受了巨大的精神损失和感情挫折，结果万念俱灰，再也不敢相信任何人了。

4. 缺乏信任。古人有言："长相知，不相疑。"反之，不相知，必定长相疑。不过，有时"信任"的缺乏，往往以同"自信"有着有不密分的联系。疑神疑鬼的人，看似在猜疑别人，实际上也是对自己的怀疑，至少是信心不足。有些人在某些方面自认为不如别人，因而总以为别人的谈话就是在议论自己，看不起自己，算计自己。而一个自信十足的人，则越容易信任别人，越不易产生敏感多疑的心理。

如何克服多疑心理

敏感多疑的心理，不仅可以使中学生对他人做出不理智的行为，还使长期受到多疑的折磨，而痛苦不堪，所以，克服敏感多疑的心理成了当今中学生势在必行的措施。那么怎样才能克服敏感多疑的心理障碍呢？

1. 培养自信心。每个人都应当正确的看待自己。人有短处也有长处，所以不能光看到自己的短处而忽略长处。发现自己的长处，从而正确利用它来培养自信心，相信自己会与周围处理好人际关系，会给别人留下良好的印象。这样，当中学生信心十足地进行学习和生活时，就不会再担心自己的行为，也不会随便怀疑别人是否会挑剔和为难自己了。

2. 及时沟通，解除疑惑。猜疑者生疑之后，冷静地思索是很重要的，但冷静思索后如果疑惑依然存在，那就该通过适当方式，同被疑者进行推心置腹的交心。若是误会，可及时消除；若是看法不同，通过谈心，各自的想法为对方所了解，也有好处；若真证实了猜疑并非无端，那么，心平气和地讨论，也有可能使事情解决在冲突之前。

3. 改变"对己宽，待人严"的思维方式。疑心重的中学生，大多都表现在对自己要求不高，但对别人倒多少有些苛求。如果对别人的要求不那么高，就不会把别人的言行都看得那么重，许多无端的多疑就从根本上失去了产生的基础。另一方面，对别人的苛求往往也同对自己的"宽容"有莫大关系，倘若对自己要求严格一些，对他人的要求宽一些，那么就不会再封锁端猜疑别人是否做了不利于自己的事，讲了不利于自己的话，从而也不会在疑神疑鬼，自寻烦恼了。

4. 认识危害，加强修养。要认识到无端猜疑的危害及不良后果。认识了多疑的危害，也就要果断地克服多疑，要用高度的理智、宽阔的胸怀，友善的态度对待他人，只要我们心广大如天地，虚旷如日月。就不会为这些小事而斤斤计较，无端猜疑了。

5. 学会使用"自我安慰法"。一个人在生活中，遭到别人的非议和流言，与他人产生误会，没有什么值得大惊小怪的。如果觉得别人怀疑自己，应当安慰自己不必为别人的闲言碎语所纠缠，不要在意别人的议论，这样不仅解脱了自己，而且还取得了一次小小的精神胜利，产生的怀疑自然就烟消云散了。

6. 自我暗示，厌恶猜疑。当你猜疑别人看不起你，在背后说你坏话，对你撒谎的时候，你心里可以不断地反复地默念"我和他是好朋友"，"他不会看不起我"，"他不会说我坏话"，"他不会对我撒谎"，"我不该猜疑它"，"猜疑人是有害的"，"我讨厌猜疑"等等。这样反复多次地默念，就能克服多疑的毛病。心理学家证明，从心理上厌恶它，在观念和行动上也就随心理的变化而放弃它。

敏感多疑，无疑像一条无形中的绳索，束缚了中学生的手脚，使你们远离朋友，远离人群。因此为避免多疑，你们在交往中一要力求实事求是；二要在猜疑得到证实前，予以"冻结"，不以怀疑为基础，进行"合理推论"。如若做到了这两点，那么，你们的敏感多疑心理也就能真正的解脱出来了。

8. 朋友是不是就应该无话不谈

大多数中学生都有一定交友的范围。一般都有几个彼此无话不说的知心朋友。中学生期出现了异性吸引的最初萌芽。伴随青春期生理上的急骤变化，中学生的性别意识被唤醒，中学生开始关注异性，被异性吸引，也希望吸引异性。大多数中学生对异性的好感是十分纯洁的，只要引导得当、环境条件正常，一般都可以发展成为健康美好的情谊。但由于各方面情况的影响，也容易出现问题。

小芳和小雪是一对无话不说的好朋友，小芳买了一本特别好看的故事书，小雪非常想看，小芳答应借给小雪，但小芳总忘记带来，总算想起来，带到学校，小芳的同桌又拿去看了，凑巧被小雪看到了，生气地说："不给我看就算了，我还不稀罕呢！"小芳觉得很委屈，也生气地不理会小雪了。从此，两个人也互不理会了。

无话不说，通常表明感情之深；有话不说，自然表明人际距离的疏远。你主动跟别人说些私事，别人也会向你说，有时还可以互相帮帮忙。你什么也不说，什么也不让人知道，别人怎么信任你？信任是建立在相互了解的基础之上的。马克思与恩格斯是一对无话不说的好朋友，他们一起锻炼，一起工作，一起交流，那种平凡而又伟大的友谊让我们羡慕与敬佩。

苏联著名作家奥斯特洛夫斯基说："真正的朋友应该说真话，不管那话怎么尖锐。"因此，好朋友之间应该是无话不说，更应该为对方负责。当看到对方做事不适当时，就应该马上指出来，提醒对方。

适当保留余地

生活中，有的人把好朋友当成自己的部分，认为好朋友之间就不能有秘密，其实，"无话不说"也有个限度，生活中会有这样的事发生，两个特别要好的女孩，同吃同住，好得就像一个人，彼此对对方都了如指掌，由于她们太熟悉对方而不分你我，把对方的秘密当成自己的而告知于人，严重影响了朋友的正常生活而使朋友关系难以维持，所以，就算是对最好的朋友，也要适当保留一些你个人的秘密，不要妄想公开你的私人生活来证明你对朋友的诚意，也不要奢求朋友会对你的任何私人问题都有帮助，是自己面对的就要勇敢面对。

有人说，最亲近的关系总是最脆弱的，朋友之间的关系作为人际关系的一种，虽没有骨肉血脉的相连，但却有一种亲情无法替换的东西，也许在生活中的某个瞬间你会发现，身边最好的朋友在那时就像一个翻版的你自己，让你有一种心灵互动的感觉，但也有这样的时候，你认为你的好朋友对你了如指掌，有许多事不该对你有所隐瞒，甚至

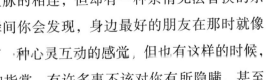

从某一天开始他突然疏远你而让你感到莫名其妙，或许有时你会替他做许多事，但他却不太领情……朋友之间互相关心是无需置疑的，但每个人都有自己喜欢的生活方式，如果任何事都不分你我的话，就会使友情陷入一种尴尬的境地。所以说，人际交往中还是要适当保留余地的。

有人认为，别人必须得到自己的帮助，在与人交往时自己必须做出牺牲，以使别人满意。这类人自幼就是典型的"乖孩子"，从小到大没有向周围人说过"不"，别人需要什么就满足什么。例如你要做事，那让你先做好了，他们从来不知道什么叫拒绝。

交往要有规则

"乖孩子"在幼年时的心理需求虽然很容易获得满足，而且只要得到一声夸奖，什么付出都是值得的。但是随着年龄的增长，你们同样以这种幼稚的心理参与社会，就会很容易形成理想与现实的冲突。你们往往会行善举而期望有所回报，当善举无回报时，就会感到十分委屈和不平衡。总之，与人交往，无论什么样的态度都要有个度，尽量做到恰到好处，避免因为过度而影响人际交往。

只有将心比心，彼此真诚交往才会找到真心相对的朋友，也只有这样的朋友才算朋友。有些中学生强烈要求独立，对成人的干预表示强烈的不满，不喜欢保姆型的老师，管头管脚，大多数中学生这种独立意识是正常的，但有一种倾向值得注意，你们与同伴无话不说，却常常与父母老师合不来，造成两代人的鸿沟。

现在很多中学生在家里和父母没有话说，但是对杂志报刊的主编、网友、节目主持人等"看不见的朋友"却是无话不说。很多中学生愿意把心里话写到编辑部，内容不乏跟父母之间的矛盾、学习的苦闷之类。

到了高中，同学之间的交往无论是形式还是内容都发生了变化。你除了感叹之外，还发现了什么没有？比如，他与他特别好，她与她特别好，他与她特别好，他喜欢与她们说话，她喜欢与他们说话；对你来说，无意之中就知道了对哪些人该说哪些话，而且有些话不愿跟父母讲但会和自己最好的朋友说，甚至和谁都不说。

为什么会有这样的变化？原因就在于你已经长成了一个有自我意识的大人了，你开始发现自己的喜好，开始关注自己、关注自己与他人的关系、关注他人对自己的评价，以及你慢慢地在形成一些属于你的价值、观念、态度等等。

另外，人与人的关系是一串同心圆。圆心是你自己，与你关系亲密的人处在离圆心较近的圆上，关系一般的人就处在离圆心较远的圆上。对待不同层次上的人，我们有相应的交往规则，就是对待自己的知心好友，我们可以无话不谈，可以分享秘密；而对一般关系的朋友我们只会谈论公开性的话题，就是一些类似于明星八卦的话题。还有，朋友是双方的，尤其是知心朋友，是可遇而不可求的。

9. 朋友之间有了矛盾怎么办

一个人的成长、发展、成功、幸福，离不开社会；一个人的愉快、烦恼、快乐、悲伤、爱与恨，也同样与其他人的交往分不开。没有同他人的交往，也就没有人生的悲欢离合，也不会产生文学、艺术和科学。

进入中学阶段，良好的人际关系开始成为影响中学生个人健康成长的重要因素。一个人如果能生活在一个温馨的集体环境中，与周围的同学、老师建立起和谐的关系，他就会消除孤独感，产生安全感，保持情绪的平静和稳定。否则，就会感到孤独和压抑，进而影响学习、生活，影响中学生的心理健康。

年仅 15 岁的圣某是某中学初三学生。有一天，圣某的同班同学张长胜与王正陶因琐事发生矛盾，张、王两人分别邀集同学准备互殴。当日下午，圣某受同学之邀为张长胜"帮忙"参与斗殴，在打斗中，圣某听人喊"把刀拿出来"，遂掏出随身携带的折叠刀捅入同班同学张某左胸部。经鉴定，张某左胸损伤属重伤。案发后，双方的监护人就民事赔偿已达成和解协议并履行。

同学之间闹矛盾本是件小事，为此而大动干戈、相互斗殴，且持刀重伤同学就实在是不应该了。

冷静化解矛盾

人际关系紧张，中学生大多因父母望子成龙心切、师生关系紧张及与同学相处不融洽，造成心理上的压抑，导致弃学离家出走。人格异常与逆反心理，人格异常的学生会对周围的人抱有敌意和戒备心理，与学校或家庭的成员闹矛盾而突然出走。此外，学生感到学习负担过重，厌学情绪就会产生，某种逆反心理也会形成，有些学生便以逃学或出走的形式表现出来。

初高中生大部分的时间是在学校度过的，因此，处理好同学之间的关系对于中学生尤为重要，这不仅关系到学生的学习、生活，更重要的是融洽的人际关系可以促进身心发展，能使学生愉快的学习、快乐的生活。

一个人必然要和他人接触，要生活在人与人的交往中。与人交往中，不可能所有的人都像父母那样，对你宠让、迁就，总会发生摩擦、冲撞，尤其中学生年轻气盛、行事鲁莽，经常因一点小矛盾而出口成脏、大打出手，给同学们的身心健康造成极大危害。

同学之间当发生矛盾时，矛盾的双方要保持冷静。冷静是处理矛盾的最佳方式。冷静会使人们变得理智，冷静会化解一切矛盾的烟云，从而使人们成功度过矛盾的危机，从矛盾之中解脱出来。矛盾发展到僵持的时候，不妨通过正确的途径，寻求老师、父母、学校或者有关团体、单位、社区的帮助。通过帮助，使得矛盾的双方从危机的边缘走向合作的、伙伴的境地。

长时间与同学相处，难免会产生不愉快的摩擦，甚至起争执。解决这些问题的关键就是严格要求自己，控制自己的情绪，理解宽容朋友，做到严于律己，宽以待人。另外，还要有主动性，主动承担责任和同学沟通，力求解决矛盾。

控制自己的情绪

同学们一起学习、生活，难免会出现摩擦、矛盾、冲突，造成关系紧张，思想上不愉快。同学之间发生矛盾，往往是因为一些学习生活中的小事，有时就是一句话、一个眼神、一个小磕碰、一次小接触，或一个道听途说，许多时候还是误会造成的。同学之间如果有矛盾或者有分歧，一定要冷静和相互谅解；如果同学之间难以解决，可找老师帮助协调，决不能用一些过激行为解决问题。学会交往是人生中的重要一课，处理同学关系不可简单粗暴，不能委曲求全，既要体谅别人，又要维持自尊。

出现矛盾的双方，虽然都有责任，但同学之间很少有恶意的攻击。同学们要能理解、容忍对方的一时之举。例如，对同学偶尔的评头论足，不要过分在意，耿耿于怀。因为这可能只是对方一时失口，并无恶意，也不想结怨。这种时候就需要一种高姿态，显示自己的风度。主动，有些同学，特别是中学生在发生矛盾之后，往往因负气不愿主动与对方交往，一是顾及自己的面子，二是担心对方不接受反而尴尬。

其实，只要机遇把握得好，双方的不愉快很容易化解。例如，对方生病时，主动去看望；对方考试失利时，主动过去安慰等。如果通过反省，意识到矛盾的原因主要是自己引起的，就应该积极地弥补。

当矛盾发展到一触即发的时候，矛盾的双方要保持克制，想尽千方百计的办法来挽救僵局。克制是一种自我控制和调控的心理行为，是只有像人类这样的高级动物才拥有的品质。注重解决日常生活中的细小矛盾，不要让矛盾堆积，不要让矛盾恶化。在处理矛盾的过程中，矛盾的双方应该多采用"换位思考"的方法，尽可能设身处地地为对方着想。

只要有与人相处的地方，就会有摩擦产生，这是必然的。但是很多时候，我们只会一味的责怪对方，或是给自己找诸多的理由。其实，当矛盾发生时，互相的指责只会让矛盾无限放大，我们首先要做的是解决问题，只要问题解决了，那么一切都没那么重要了。

10. 怎样批评和表扬别人

著名教育家陈鹤琴说："无论什么人，受激励而改过，是很容易的，受责罚而改过是比较难的。"人在赞扬和赏识中生存，会觉得轻松自在、有自我价值；反之，人总在别人的批评与责骂声中学习、工作，他就会产生抵触情绪、逆反心理，甚至情感的波动。对一些意志薄弱的人，往往会十分自卑，会消沉下去，失去信心和进取心。

表扬要实事求是，态度真切；要及时，增强有效性；要具体，肯定可贵之处；要分层次树立榜样，能给人以启迪和教育。适当的批评能够让人认识错误、改正错误，辨明是非，分清善恶，从而促进学生心理的健康发展。但批评要慎重，要公正，要注意说话的语气、说话的分寸以及说话的场合，要注意批评的方式方法，保护人的自尊心和自信心。

表扬和批评同时使用会收到较好的效果，但需要注意在批评之前先来一段表扬，且这种表扬应该是真心诚意的表扬，而不是虚伪的，形式主义的。

柯立芝总统执政时，我朋友在一次周末，应邀到白宫作客。当他走进总统私人办公室时，正好听到柯立芝在向他的一位女秘书说："你今天穿的衣服很漂亮，真是位年轻漂亮的女孩子。"

平常沉默寡言的柯立芝总统，一生很少赞美过别人这次却对他女秘书说出那样的话来，那位女秘书脸上顿时涌现出一层鲜艳的红晕。总统接着又说："别难为情，我刚才的话，是为使你感到高兴；从现在起，我希望你对公文的标点上，要稍微注意一点。"

他对那位女秘书的方法，虽然稍显明显了些，可是所用的心理学却是很巧妙。当我们听到别人对我们的称赞后，如果再听到其它不愉快的话，就比较容易接受了。麦金利在 1856 年竞选总统时所采用的方法，就运用了这项原理。

多表扬，少批评

多给别人鼓励和表扬，尽量避免批评、指责和抱怨，不要逼别人认错。人际交往在心理上总是以彼此满意或不满意、喜欢或厌恶等情绪反映为特征的。要有良好的人际关系，须注意情感的相悦性。一般说来，人们总是喜欢那些喜欢自己的人，对真诚评价自己的人具有好感。自己一旦受到某人赏识、喜爱，得到好的评价，就会由于受到称赞而使自尊心得到满足，对此人产生心理上的接近和好感，因而也就减少了相互的摩擦和人际冲突，达到情感相悦，为良好的人际交往提供了心理条件。真诚地赞美他人，他人反过来会对你抱有好感。有些人常常太注意自己，不能发现别人的可贵之处，如果你能仔细观察，多注意别人，就会发现任何人都有值得赞美的地方，并且肯定和表扬别人的长处，此举将会给自身带来益处。

在交往过程中，要适当地表扬他人，当交际对方取得一定的成绩的时候，要学会忠诚地赞扬他人，同时在对方不足的问题上又要学会进行有技巧的批评。

在人际交往中，人们往往都有一些共同的特性，只要把握好了人们的这种心理需求，就能够博得他人的好感和尊重，从而更容易与之相处。人们总是喜欢听表扬的话，而厌恶批评的话。这就对我们在交往中提出两点要求：首先语言要幽默，其次要学会真诚地欣赏、赞美他人的长处，当然这种赞美的客体必须是对方所在意的地方。

交往中，要学会表扬别人。只懂得批评别人的人，是不会巧妙指出别人错误的。人都有自知之明，更何况"响鼓不用重锤敲"呢！在某些时候，表扬比批评更有效，更能让人保留面子，从而更能激发人的积极性。

批评，要注意语言

良好的语言表达能力与谈话技巧是提升自身影响力的一大力量。有了这种能力，你可以在各种人物面前或场合展示自我的优点，给别人留下很好的印象，这也有助于你结识各样的朋友，保持良好的人际关系。如果你这方面能力不太强的话，一定要注意多加练习，因为，它是你通向成功必不可少的条件。

心理学告诉我们，学生们都有喜欢表扬、渴望认同的心理。因此，学生有了进步做好事，或是在集体中有了较好的表现，我们应该在班级当众予以表扬，有时甚至要在学生面前大张旗鼓的表扬。以张扬学生的向善、进取的个性，营造班级良好的舆论气氛，使其他学生产生

"见贤思齐"的心理趋向。而学生有了缺点和错误，我们则应慎重，不要当众批评。因为学生犯错误的时候，往往不是主观上的故意，而是由于情绪不稳、意志不坚、是非判断能力不强等因素造成的

　　幽默式批评就是在批评过程中，使用含有哲理的故事、双关语、形象的比喻等，缓解批评的紧张情绪，启发批评者思考，增进相互间的感情交流，使批评能有一个轻松愉快的气氛。幽默式批评在于启发、调动被批评对象积极思考。它以幽默的方式点到批评对象的要害之处，含而不露，令人回味无穷。但是，使用幽默式批评不要牵强附会，生拉硬扯，否则，将适得其反，给人一种画蛇添足之感。

11. 坚决抵制不良交往

　　你的困惑：父母总说我身边的朋友都是些"不三不四"的"痞子"，他们总是让我远离那些"狐朋狗友"。可是，我的那些"哥儿们"虽然没学业，也没有正当的职业，但是他们对我的友谊应该是真诚的吧?

心灵故事

故事之一：

　　一位来自农村的同学入学时成绩还不错，入学后和市区的个别品行不端的同学交往并一起上网，由于对网络的迷恋，不思学业，目前成绩已经落在了年级的最后。他本人也随之形成了许多不良品质，不诚实、旷课、乱花钱甚至有偷窃行为，让老师和家长很失望。

故事之二：

　　一位高中生，由于他喜欢抽烟，因而受到集体和同学们的批评。但是他没有改掉抽烟的坏习惯，反而感到在集体中不自在，与同学们

合不来。不久，他在其他班级的同学中找到了自己的抽烟伙伴，偷偷地在一起抽烟，形成了一个经常抽烟的不良团体。不良的品行使他的心理上得到了共鸣和满足，反过来，不良的团体使他的不良品行变得更为严重了。

故事之三：

一位学美术的同学，最初各方面都很好。成绩不错，和同学老师相处的很好，专业也很突出，自从初三他的表哥考入他所在的学校以来，他就跟在其表哥后面学会了抽烟、喝酒、打架斗殴、欺负弱小同学，甚至在学生中敲诈勒索，受到了学校的处理。不良交往甚至毁了一位好学生。

透视心灵

从上述几个事例我们不难看出，学生的交往对象至关重要。而不良交往也必将酿成恶果。青少年学生的心理还未走向完全成熟。那么如果择友不善，会造成什么样的危害呢？

（1）不良交往制约青少年的品德发展。

对于青少年违法犯罪团伙形成及演变过程，曾有一批专家对其进行粗略分析，从中我们可以看出很多犯罪的青少年的早期教育都存在缺陷，未能及时弥补从而逐步导致不良品德和恶习的形成，并积习难改，进而在不良群体乃至社会交往中学习，模仿违法犯罪，随着个人无政府主义和强烈的占有欲的上升，不断的使违法犯罪思想及行为深化，最终演变成了集体犯罪。

由上可知，青少年很容易受其交往对象的潜移默化。马克思说过："一个人的发展，取决于和他直接或间接进行交往的其他一切人的发展。"极少数在校学生之所以走上违法犯罪道路并恶性发展，与其不良交往息息相关，他们交往地越广，交往伙伴越复杂，交往伙伴的品质愈坏，交往活动越频繁，坠入违法犯罪泥坑越迅速，陷入程度也越深。很显然，一个人的不良交往必然导致思想、感情、行为形成恶性循环，而他们交往对象的类型也决定了他们罪错的类型、性质的严重程度。在校学生不良交往主要是一般性的不健康娱乐、打闹、游荡、交谈等，其作用主要是提供结伙途径、媒介、对象等。于是他们经常纠合在一起，长期受不良观点和信息的影响，在思想上泛起积淀在心底的观念沉渣，排斥一切良性、健康性的东西，片面地探求感官刺激，必然会在行动上有所表现。具体表现为拒绝社会道德、纪律乃至法律规范的约束，继而严重违纪、尔后向违法犯罪的方向发展。

人际交往作为决定青少年品德良好发展的要素之一，要求他们必须具有良好的同伴关系，即在同龄人集体中关系和谐。有一些中学生与集体和同伴相处不好，对集体活动不感兴趣，他们逐渐地变得不爱集体和同学了，与集体和同学的距离拉远了。这无疑对于他们的心理发展和品性发展都没有好处。

当青少年由于交往不慎引发违纪违法行为，相应地很大程度上影响青少年教育取得成就的进程。所以，迫切需要拿出有效的办法来通过社会、学校、家庭的共向性工作，阻止青少年之间的不良交往，对他们进行思想教化，引导他们朝着健康交际的方向发展。

（2）不良交往危害青少年学生。

我们要学着积极健康地进行人际交往，有一些学生与集体和同伴相处不好，对集体活动不感兴趣，于是逐渐地变得不爱集体和同学，与集体和同学的距离拉远，这对他们的品行发展是不利的。因为这时很可能有一些品质败坏或者动机不纯的人趁虚而入，把他们往不好的方向引导。

正因为青少年具有爱模仿的特点，因而结交一些坏朋友对其而言危害极大，在坏朋友的影响下，他们会很容易染上不良习气。从青少年违法犯罪的实际情况来看，接交坏朋友往往是学生走向歧途和堕落的开始。俗话说：近朱者赤，近墨者黑。经常与不三不四的人在一起，只会起加害的作用。对违法犯罪的青少年作案动机进行的调查显示：三分之一起先并无犯罪动机，多是受了朋友的怂恿、激将而冲动为之。而且好朋友纠结一起做坏事，就互相壮胆，消除紧张心理，这不免加强了他们的违法犯罪动机。

另外一方面，青少年也可能会社会上人际交往关系的影响，而形成品行障碍，有些坏人专门引诱和指使缺乏经验的中学生去干坏事，从中渔利，不但危害社会，而且毒害了青少年，使他们的品行迅速恶化，甚至走上违法犯罪的道路。作为青年学生，我们一定要加强警惕心和辨别人的能力。

解开心结

不良交往危害极大，我们必须学会分辨对方的品行值不值得交往，并需要形成正确的交友观。

（1）要形成正确的交友观。

交朋友应有三个前提：真、善、美。首先，要了解他和你交友的心理是否真诚；其次要了解他的人品，比如：心地善良，言行体现了美好的社会道德规范；最后，要志同道合，可以理解你、支持你。欲他人为之的必先己为之，你要求朋友如此，自己必须要先做到。这样的朋友、友谊理想化了，如同阳春白雪。要达到这种境界，须不断地完善自我，在完善的过程中建立理想的友谊，求得实现。

建立在酒肉基础和哥们义气上的友谊是最不可靠的，只有患难相济的友谊才是真正的友谊。哥们义气是社会的毒瘤，是思想的毒瘤，是犯罪的滋生地，必须将其铲除。

（2）学会辨别交往对象。

①对方的性情志趣。性情志趣能表现一个人的道德品味，青少年学生在交往中要十分注意交往对象的性情志趣。

②对方是否真诚。真诚是人与人交流沟通的桥梁，只有以心换心，以诚相待，才能使双方相互同情和理解。建立信任感，进而建立良好的关系，而有的同学帮助别人是图回报，对不同观点不是直抒己见而是口是心非，对朋友的不足和缺点不能诚恳批评，而是当面奉承，背后诽谤，表现得十分虚伪。我们在交往时要留意交往对象真诚与否。

③对方是否相互尊重。尊重是一种信息，能够引发人的许多积极情感。缩短相互间的心理距离，而这种信息反馈必然是也为他人尊重。而有的同学只希望别人尊重自己，自己却从来不尊重别人的人格。以自我为中心，不承认他人在交往中的平等地位。这类人是很不值得交往的。

④对方是否互相帮助。有的同学不坚持互助互利的原则，在物质上只关心自己，采取一切手段处处想获得自己的利益和好处。甚至自私自利，偷偷摸摸，喜欢占小便宜，经常损害他人的利益；在心理方面只要求别人给予关心、慰问、支持，只关心自己的处境，而不关心别人的悲观情绪，甚至把别人作为自己使唤的工具。我们要懂得，人际交往作为满足双方交往需要的途径，只有在满足双方需要时，其关系才能继续发展。

⑤对方是否宽容。宽容是一种成熟的表现，有助于消除人与人之间的紧张关系。有的同学对别人渴求、挑剔、缺乏热情、没有同情心，不愿帮助他人，不能容忍别人的错误。这样的人自然无法扩大人们之间的交往空间。

所以，对有做不到上述几点的人，如果有时不能完全拒绝与之交往，但一定要尽量不交往，更要坚决避免深交。

（3）怎样抵制不良交往。

我们要对不良的交往要有正确认识，从而从根本上抵制它，具体应注意以下几点：

①不要轻信他人的好话。

不要随便在校园中、旅途中、公交车上、公共场合轻信他人，随便和陌生人交朋友。

安全起见，一般不要让素不相识的人到宿舍、教室、或者自己家里。

为避免中了别人的圈套、上当受骗。不要轻易到素不相识的人的家里做客，随便吃别人给的食物。

②不贪图小便宜。

俗话说：拿人家的手软，吃人家的嘴短。你要坚信天上不会掉馅饼，不义之财不能要。时刻对从天而降的好事怀有警惕。

③拒做法盲和德盲。

所以，青少年学生要认真学习相关法律知识，增强法制观念和道德观念。在人际交往中保持清醒头脑。

12. 学习对手也能成为朋友吗

一个人如果没有对手，那他就会甘于平庸，养成惰性，最后，终致庸碌无为；一个群体如果没有对手，就会因为相互的依赖和潜移默化而丧失活力，丧失生机；一个企业如果没有了对手，就会逐步走向懈怠，甚至走向腐败和堕落。

一个人如果没有了对手，就会丧失进取的意志，甚至会因为安于现状而逐步走向衰亡。有了对手，才有危机感，才会有竞争力。有了对手，你便不得不发愤图强，不得不推陈出新，不得不锐意改革，甚至，不敢稍有懈怠。否则，你就只有等着被吞并、被替代、被淘汰命运的到来。许多人都会把对手视为是心腹大患、是异己、是眼中钉、肉中刺，恨不得马上除之而后快。

在日本北海道出产一种味道珍奇的鳗鱼，海边渔村的许多渔民都以捕捞鳗鱼为生。鳗鱼的生命非常脆弱，只要一离开深海，要不了半天就会全部死亡。奇怪的是，有一位老渔民天天出海捕捞鳗鱼。返回岸边后，他的鳗鱼总是活蹦乱跳的。而其它几家捕捞鳗鱼的渔户，无论如何处置捕捞到的鳗鱼，回港后都全是死的。

由于鲜活的鳗鱼价格要比死亡的鳗鱼几乎贵出一倍以上，所以，没几年功夫，老渔民一家便成了远近闻名的富翁。周围的渔民做着同样的营生，却一直只能维持简单的的温饱。老渔民在临终之时，把秘诀传授给了儿子。原来，老渔民使鳗鱼不死的秘诀，就是在整仓的鳗鱼中，放进几条狗鱼。鳗鱼与狗鱼非但不是同类，还是出名的一死对头。

几条势单力薄的狗鱼遇到可怕的对手，便惊慌地在鳗鱼堆里四处乱窜，这样一来，反倒把满满一船舱死气沉沉的鳗鱼全给激活了。

其实，只要反过来仔细一想，便会发现拥有一个强劲的对手，反倒是一种福分、一种造化、一种逼自己积极进取的力量。因为，一个强劲的对手，会让你时刻有种危机四伏的感觉，它会激起你更加旺盛的精神和斗志。所以，要善待你的对手，同时，也要用欣赏的眼光来看待对方。

欣赏自己的对手

体育是一种直接与人正面接触和竞争的群体活动，总是要有两个以上的人参与才有意义，更重要的是，体育活动不但需要智慧和力量，也需要胆量。这胆量，正是人际交往所必需的一种要素。中学生一旦爱上体育，就会主动寻找对手，这种寻找，就是交际；合适的对手，往往就是具有深厚友谊的伙伴，多与之交往有利于提高交际能力。

希腊船业巨子欧那西斯，看到任何人，经历任何事，每天晚上用本子记下，以决定下一次怎样花时间在他身上。待人处世一定要因人而异，要学会拒绝否则会浪费时间，要交你应该交的朋友而不是你喜欢交的朋友。欧那西斯说，要成功需要盟友，要非常大的成功就需要敌人，战友。康熙敬三碗酒，第三杯是向他的敌人敬的。他说如果没有这些人，就不会成就大事业。所以说益友可能是竞争对手，要学会向竞争对手学习很多的东西。

不要把对手看成是敌人；在相互竞争的关系里，必须向对手学习。一个人若不向他的对手学习，那么；注定会失败的。倘若，没有竞争的对手，就表示没有进步的空间，从商业的角度来看，向对手学习，维持竞争的关系，其实是挺好的，而这也是社会不断进步的重要原因。

对手让我们懂得珍惜，有人说：失去才会懂得珍惜，这失去，正是对手带给我们的。

对手能让我们产生压力，没有压力便没有动力，没有动力便无法启动，这会使成功成为一个可以看得见却摸不着的东西。对手的出现，让我们明白了危险的存在，明白了成功并非唾手可得。于是有了压力，有了动力，这也应了《圣经》上的一句话："忘记背后，努力向前，向着杆直跑。"

总之，欣赏你的对手吧。与自己的同学竞争，就要抱着欣赏他们的态度，以对手的长处来弥补自己的短处，学习对手的长处，这样就可以提高自己，共同进步。

对手价值不言而喻

智慧告诉我们，对手是我们的敌人；明智告诉我们，对手是我们的朋友；成功告诉我们，对手是我们要打败的人；良知告诉我们，对手是我们要尊重的人；无情告诉我们，对手是可怕的；热情告诉我们，对手是可爱的。然而现实告诉我们："对手因较量而生，对手因失败而亡。"

对手让我们找到自信，在对手的眼里，我们就是他的对手；在我们思考他的同时，他也在思考我们。对手也能找到朋友，其实对手之所以称之为对手，也只在一定的范围内而言，而脱离了这个范围，我们将会发现，我们有许多共同点和共同语言，而正是因为有这些共同，我们们才会成为对手。因此，我们更能成为朋友，相惜相怜的朋友。对手对我们而言很重要，它的价值不下于任何其他的感情，也许失去了对手，反而会使我们失去生活的目标。

对手的价值是不言而喻的。找到了你的对手，就等于找到了目标，像挖掘你的生命一样去挖掘对手的价值吧。

所以，中学生们要时刻深记，打击和对立你的同学，并不会使你变得更优秀。相反的，只会让你减低战斗力。所以，试着去欣赏你的同学，因为你的同学都会有属于他自己的优点。然后诚恳地向他请教、学习。在这个竞争激烈的社会，要努力把别人打败，自己才会更成功；其实，偶尔输一次，又有什么关系呢？现代人就是太怕输了，因为，有输不起的心态，才会有激烈的情绪反应；但人生不会每次都赢，如果你想要赢，就要有可能会输的心理准备。

13. 异性间的沟通方法

与异性交往，目的在于是学习异性的长处，有助于少男少女全面健康的发展。通过相互交往，彼此进行相互学习、相互影响，完善自我。特别是多项的人际交往，可以使差异较大的个性相互渗透，个性互补，使性格更为豁达开朗，情感体验更为丰富，意志也更为坚强。

在人际关系中，异性接触会产生一种特殊的相互吸引力和激发力，并能从中体验到难以言传的感情追求，对人的活动和学习通常起积极的影响。这种现象称为"异性效应"。

"异性效应"是一种普遍存在的心理现象，这种效应尤以中学生为甚。其表现是有两性共同参加的活动，较之只有同性参加的活动，参加者一般会感到更愉快，干得也更起劲，更出色。这是因为当有异性参加活动时，异性间心理接近的需要得到了满足，因而会使人获得程度不同的愉悦感，并激发起内在的积极性和创造力。男性和女性一起做事、处理问题都会显得比较顺利。

林女士是某公司公关部经理。她联系颇广，出师必胜，为公司立下赫赫战功。公司的原料奇缺，材料科的同志四处奔走，却连连碰壁，而李女士外出联系，不久问题便迎刃而解。公司资金周转严重失灵，急需贷款，急得总经理像热锅上的蚂蚁一样。又是李女士风尘仆仆，周旋于银行之间，竟获得贷款上百万元。李女士因此备受领导器重，工资、奖金一加再加。有人试图总结李女士成功的秘诀，发现她除了具有清醒的头脑、敏捷的口才、丰富的知识和阅历及接物待人灵活之外，还和她端庄的容貌、娴雅的仪表也有很大的关系。

日常生活中，我们常常能够看到男营业员接待女顾客，一般要比接待男顾客热情些。上述李女士成功的原因主要在于：如今的社会还是一个男性占很大优势的社会，外出办事多数要和男性打交道，由女性出面较为顺利，这便是心理学上所谓的"异性效应"。这种现象是建立在异性相吸引的基础上的。人们一般比较对异性感兴趣，特别是对外表讨人喜欢，言谈举止得体的异性感兴趣，这点女性也不例外，只不过不如男性对女性那么明显。有时为了引起异性注意，男性还特别喜欢在女性面前表现自己，这也是"异性效应"在起作用。

异性效应的道德力量

异性效应有自己发生的条件。在一个集体中，异性人数的构成，无论哪一方，不能少于所需要的最低比例20%，而且，年龄要相差不大。随着中学生身心走向成熟，特别注意异性对自己的评价，寻求机会表现自己。在异性面前，重视个人的容貌和装束，更强烈地维护自己的自尊心。这本身便是一种道德约束力，异性效应的道德教育机制，关键也在这里。

异性效应的道德力量，还表现在学生美观的形成上。一般地，女孩子认识美早一些。到青春期后，异性之间的广泛交往，产生情感上的接近和心理上的依恋。作为交往的重要方面，对美的选择和追求，发生了根本变化。从人体美转向气质美，而且，这种转变有一定方向，服从特定的模式。

异性效应的又一道德功能，在于能加强集体生活的凝聚力。研究发现，在清一色的男性或女性的组成的集体里，往往会因一些小事而发生摩擦，引起冲突，影响学校气氛。异性效应可以缓和避免这种情况，促使学生相互关心，推动人际理解，其基础是两性本身的相互吸引。所谓人际理解，实质是彼此对相互个性的认识、同情和许可，在此基础上，异性学生之间的心理沟通，可以建立真正的友谊，构成集体的凝聚力，同时，性别本身的差异，有互相补充的表现，使集体生活多姿多彩。

异性效应现象甚至在我们人类征服宇宙的过程中也曾发生。在宇宙飞行中，占60.6%的宇航员会产生"航天综合症"，如：头痛、眩晕、失眠、烦躁、恶心、情绪低沉等，而且一切药物均无济于事。其实，早在几年前，南极考察的澳大利亚科研人员也得了这种怪病，晚上失眠，白天昏昏沉沉，用了许多方法，都无法治愈。经过调查研究，得出的结论竟是"没有男女搭配，是性别比例失调严重，导致异性气味匮乏的结果。"因此，美国著名医学博士哈里教授向美国宇航局提出建议，在每次宇航飞行中，挑选一位健康貌美的女性参加。没想到，真的能使困扰宇航员的难题迎刃而解。

在对现实生活的研究中，心理学家还发现，在一个只有男性或女性的工作环境里，尽管条件优越，卫生符合要求，自动化程度很高，然而，不论男女，都很容易疲劳，工作效率也不高。

普遍的异性效应

"异性效应"在中学生中也是存在的，如：有的男生在女生朗读课文时倾心聆听，表现出愉悦的神情；有的女生在作文中，把一个相貌平平的男生描写得帅气无比、举世无双；男女生同在教室的时候，有的女孩子不知不觉地就提高了嗓门，以显示自己悦耳的嗓音；很多女同学喜欢和男生在一起，很多男同学也喜欢接近女生；女孩子好打扮自己，希望得到男孩子的注意；男孩子爱在女生面前逞能、不服输，用带有冒险的"英雄行为"显示自己的力量，以使异性对自己产生好感，给异性留下一个深刻的印象；在学校的运动会上，来自异性的"加油"声会给运动员带来更大的鼓舞和力量。

但是，很多同学并没有意识到这一点，由于各种原因，反而对异性表现出很大的心理矛盾。表面上，很多同学对异性疏远、回避，表现出一种毫不相关、不屑一顾的态度，特别忌讳在同学面前与异性接近，但内心深处对异性则有一种非常神秘的新奇感，常常渴望并想象自己与异性接近，甚至看到别人接近异性，心里还有些嫉妒，对异性出现的一些细小变化比较敏感，常在心里比较和评价异性同学，关注自己在异性心目中的印象。

"独生子女"在这方面表现尤为突出。因为"独生子女"在家庭生活中，接触不到同龄异性，对同龄异性更缺乏了解。所以，中学的男女同学是需要互相往来的，是可以互相接触的。男女同学之间的接近和交往不等于谈恋爱，异性间正常的交往是健康的，也有很多积极作用。

男生和女生交往，有利于增进心里健康，使自己的性生理能量得到正常的释放，从而满足心理需求，使心理逐渐平衡。如果长期缺乏与异性交往，容易发生性心理扭曲，造成发育不良。有的人长时期不敢与异性接触，便会对异性产生胆怯、不满等心理。

中国古代常有这样的故事，某小姐长期深居闺中闭门读书，从不接触同龄的男性。某日外出游玩，偶遇公子，顿生爱慕之情。可处在当时社会的男女受到封建礼教束缚，使他们不能正常往来，之后，双双郁郁寡欢，积怨成疾……

男生好动，喜欢显示自己的力量，喜欢体育比赛，经常在操场上打球锻炼，打起球来，不分出胜负誓不罢休。课余时间很难在教室中找到他们的影子，一般说来，男生胆大，勇敢，好胜，自信心强，独立性强，过高估计自己独立生活的能力，不喜欢接受成年人的指教，逆反心理比较强，在解决问题上往往拒绝别人的建议，愿意靠自己的能力解决问题，凭一时冲动行事。男生情感较豪放，不拘泥于细微末节，不计较点滴得失，较粗心马虎，易办错事，显得问题较多。

女生在青春期出现明显的变化是体形的变化，女生的体形开始趋向成年女性，与男生所不同的是大多数女生并不太喜欢这种体形的变化，常常因此而害羞。女生爱面子、胆小，上体育课或课间10分钟时，常常聚集在一起说笑聊天。女生常被告诫要文静规矩。家庭和学校对女生的活动范围有较大的限制、使她们的社会视野受到了局限，女生显得比较"听话"，依赖性较强，做事常常喜欢找个伴儿。她们更多的是沉溺于内心的体验，所以女孩子好幻想，内向，好静，敏感。女生情感较细腻，对一些具体事情比较认真细心，处理问题往往谨慎周到。

异性个体之间的性格差异是比较明显的，男生和女生交往可以扩大人际交往范围，使性格在不知不觉中得到互相渗透，互相影响。情感上的互相交流，可以丰富对不同情感色彩的体验，使意志得到锤炼，使性格更豁达、开朗，使人的性格逐渐成熟。这是在同性朋友身上所得不到的。

14. 男女生可以交朋友吗

众所周知，异性交往是人类社会生活中不可缺少的重要组成部分，异性交往在个体成长历程中的各个阶段都是必不可少的。中学生心理萌发的异性吸引是性心理和性生理走向成熟的必然结果，是一种正常的自然表现。对中学生而言，异性同学之间的正常交往不仅有利于学习进步，而且也有利于个性的全面发展。一般来讲，既有同性朋友又有异性朋友的中学生，往往性格比较开朗，为人诚恳热情，乐于帮助同学，自制力也比较强；而那些只在同性同学中交朋友的人，往往缺乏健全的情感体验，不具备与异性沟通的社交能力，社交范围和生活圈子也比较狭小，人格发展不甚完善。

小聪和同班一男生家离得比较近，所以，他们经常一起回家。于是，班里有些同学议论纷纷，总在背后说他们俩，散播一些流言。小聪也就感到很郁闷，本身很纯洁的友谊被同学们说得一无是处。最终，事实战胜不了流言，小聪也不再跟男生一起回家了，便一个人独行，跟同学也走得远了些。

造成这一现象的发生，完全是人们的封建思想，男女生交朋友是很正常的，而且也有一定的好处。

人类生活在这个世界上，处在同一社会，学在同一校园，朋友之间交往，同学之间的交往都是避不可少的。人们学习知识进入社会，了解自我，获得新生，创造事业和发展爱情，都是在人际交往中发生的。没有与别人的交往，人类就无法生存。

男女生能否交朋友

在现实生活中，我们要和不同的人打交道，我们需要接触到不同的人群，所以，结交异性朋友，与异性朋友来往是完全正常的。男女之间交朋友是友谊的特殊表现形式，然而，与异性交往却成为师长关注、学生敏感的焦点话题，由此而引发的"早恋"的争执也"无果而终"。随着社会环境的复杂，学生的"交友"问题成为一个"课题"，特别受到人们的关注，尤其是女生，她们成为家长担心、老师操心的一个群体。人们深怕处于这一时期的少男少女们会受到不良的负面影响。

我们每个人从出生到衰老都要经历不同阶段的不同时期，每个时期都存在这样那样的生理与心理问题。当一个人度过了天真烂漫的童年，随着生理、心理的发育，就会走向青春期。这时，我们会感到有很多成长的烦恼，通常在这样一个年龄段我们又是压抑的，我们有自己的内心世界，不愿公开自己的秘密，很少吐露心迹，尤其是对异性有一种神秘的新奇感，渴望了解异性。

心理学研究表明，随着年龄的增长，中学生的生理、心理日趋成熟，你们会对异性产生一种神秘感，你们渴望、喜欢与异性交往，这是青春期你们性心理发展的必然。

异性交往是人际交往中的重要组成部分，异性友谊也是友谊中不可缺少的内容，所以与异性同学交往做朋友也是很正常的事。但由于中学生在异性交往中，不能恰当地把握分寸，而往往出现交往过密倾向，或者缺乏对青春期性心理的理解而导致异性交往障碍，从而走向"早恋"。对于中学生的"不会交往比早恋更可怕！"会交往是二十一世纪人所必备的基本素质。所以，你们应该学会如何与异性交往，而不是逃避交往。

融身于这个社会之中，人们通常视——爱，为最美好的情感。那么从这个角度来说，青春期学会怎样与异性进行交往，就是一种"爱的修炼"。中学生进入青春期渴望与异性交往，是中学生身心健康发展的重要标志。如果说谁没有这种心理需要，那么你就要为自己打个问号了。有关人士认为：青春期交往范围广泛，既有同性知己，又有异性朋友的人，比那些缺少朋友，或只有同性朋友的人的个性发展更完善。所以说，男女生交往完全是可以的。

正确的异性交往态度

有句俗语说："男女搭配，干活不累"，意思也就是男女之间相互合作，或者互补的作用吧！其实同样的道理，中学生共同生活在同一所校园，而且又在同一个班集体，男女同学之间，彼此的合作与互帮互助都是正常的交往，异性之间的交往不但可以起到心理上的互补作用，而且女同学可以从男同学那里学到果断、坚定和刚毅的特点，男同学可以从女同学处补充到细致、体贴和耐心的长处，在交往中异性双方都可以使自己的个性得到不断完善；男女中学生的交往还可以增进对异性的了解，有助于丰富自身的情感体验，可以扩大社会交往的范围，增强沟通的社会交往能力。但是我们也不能否认，男女生的交往在中学校园里，仍是一个敏感话题，如果男女同学交往处理不当，也会影响和妨碍你们的学习和身心健康，还会使他人产生误会，从而为自己带来一些情绪上的困扰。因此，中学生应该树立健康的异性交往观念，形成正确的异性交往态度，并学习以正确的方式与异性同学交往。

拘谨、畏缩，妨碍中学生男女之间的交往；过分热情、随便，又显得轻浮，不庄重，同样是不可取的。那么，怎样才是正确的异性交往方式呢？

首先，注意交往方式。中学生男女以集体交往为宜。课堂上的讨论发言，课后的议论说笑，课外的游戏活动等，为大家创造了异性交往的机会。使一些性格内向、不善交际的同学，免除了独自面对异性的羞涩和困窘；一些喜欢交际的同学，满足了与人交往的需要。每个人都融入了浓浓的集体气氛中。在集体中的异性交往，每人所面对的是一群异性同学，而且都各有所长，或幽默健谈，或聪明善良，或乐观大度，或稳重干练……这就使我们在吸收众人的优点的同时，开阔了眼界和心胸，避免了只盯住某一位异性而发展"一对一"的恋爱关系。集体交往，父母放心，老师支持。集体交往的形式各种各样，如兴趣小组、科技小组、学习小组等。集体活动也是丰富多彩的，如娱乐、游戏、竞赛、旅行、小发明、小制作等。

其次，要把握交往的尺度。对方约你一同参加某项活动，如听音乐、看电影、观画展、逛书市，这是正常的、公开场合的两性交往，完全可以大大方方地赴约。女孩子应端庄、坦荡、不使对方产生误解和非分之想；男孩子要沉稳、庄重，尊重对方。假如两人互有好感，相处愉快，约会的次数会增多，每次约会的时间会延长，直到两人难分难舍，恨不得每时每刻都和对方在一起。这时一定要注意适可而止，不能占用对方太多的时间，不能因为两人的约会，使一方或双方无法集中精力学习，无暇与家人、同学、亲友相聚。必须有所节制，减少单独在一起的次数、时间，见面时多谈谈学习上的事情，使双方的感情降温。

最后，为防患于未然，对于抱着谈情说爱为目的的约会，最好婉言谢绝，让对方明白你的心思，放弃对你的追求。但要注意方式方法，不可伤害对方的自尊心。对于纠缠不休，甚至威逼诱吓的人，就要请父母、老师、同学、朋友们帮助处理了。只要把握与异性交往的尺度，诚恳对人，热情大方，自尊自重，便能处理好与异性的关系，以自身良好的修养和人品赢得异性的尊重和友情。

15. 收到情书怎么办

二十一世纪是一个新世纪，一个时尚的新纪元，一个凡事追求潮流的新时代，不单是社会上的人们紧跟时代潮流，现在的学校也出现了一些新的"潮流"，不少学生把早恋当成一种新的时尚在追赶。有些教师都说，现在的中学生写情书也是相当有"水准"的，曾有一位班主任出示了从学生处"没收"的情书，一页页散发着香味的信纸上写着"亲爱的"、"BF"（男朋友）"我 XH 你""来一个 KISS"、"5131402"（我一生一世爱你）等等一些新潮的词和一些热恋的语句，简直是太肉麻了。

王艳是某班里的一位温柔漂亮的女生，她做事认真与同学之间的关系也很好。因为她成绩优秀，气质高雅，所以很受班里的男生欢迎。苗条文静的她往哪儿一站，总会引来一束欣赏的目光。一次自修课上，王艳正在认真的写着作业，突然一个小纸团落在他的课桌上，她打开一看，字条上写着："请放学后到青年公园门口相会。爱你的人。"她从字迹上看已猜出是哪位男同学写的。心里咯噔一愣，脸刷地红了。她忐忑不安，不知道该怎么办。

也许很多中学生都遇到过类似的情况，或是收到其他班同学的情书，或是在书包、书本里发现小纸条。然而，像是收到这样的纸条或是"情书"的动机是什么呢？在校园这个狭小的生活圈子，这样的事情见怪不怪。

中学生情书问题

法国大作家莫里哀说过："爱情是一位伟大的导师，教我们重新做人。"对初涉情苑、向往着美好爱情的中学生来说，羞涩地产生一种渴望与异性在一起的微妙情感，这正是情窦初开的美好时期。

生活在充满渴望与激情的中学生周围，有的女生或是男生（好像大多数都是女生收到情书）会突然收到一封封感情炽热、不期而至的求爱信。信中的求爱者，也许是你未曾谋面的陌生人，也许是生活在同一学校而不同班级的学长，也可能是同一班级的同学或是平时比较玩得来的朋友……当收到这封沉甸甸的、充满激情的求爱信，不知道中学生朋友们都会有什么表现呢？或惶惑不安、或者很兴奋、非常激动、希冀与惶恐等等一些复杂心情，也许会一齐涌上你的心头。亲爱的男孩儿女孩儿们，在这使你心烦意乱和兴奋激动的时刻，该怎么办呢？收到情书应该怎样处理呢？

中学生们"递条子"、"写情书"的动机和性质大致有以下几种可能：

1. 早熟、早恋的表现；

2. 纯粹是为了好玩（同学之间打赌，让某人给谁写情书）；

3. 恶作剧，故意捉弄别人。

由于每个人的性格各不相同，所以在处理一些事情的时候，也各有其方。但是，都是在校的中学生，毕竟都还未成年，当有些少男少女收到异性同学写的超出同学之间正常友谊的"纸条"时，通常的解决方法是这样：

有些同学虽然想不通，但不肯说出口，也不愿意请求帮助，把它憋在心里。在这里提醒中学生朋友们，这样做对自己身心的伤害是非常大的。它会给自己的心理上带来恐惧、焦虑不安、非常烦恼影响身心健康从而影响学习。也有一些同学则选择公之于众。公之于众的方法也实在不可取，这样做会令对方感到难堪，失去威信，伤害了他们的自尊心，此时，心灵就很容易受到打击。还有另一做法就是报告老师。当你把问题告诉老师无非是想让老师帮你解决问题，老师知道后可能会生硬地批评对方，或旁敲侧击，其效果都不好。可见，这几种方法都不妥当。

收到情书怎么办

收到情书是中学生们生活中的小插曲，既然是生活中的小插曲，当遇到这样的情况就不必把自己搞的惶惑不安或激动不已，应采取正确态度对待：

1. 收到"我 XH 你""I LOVE YOU"之类的小条子或情书，不要很惊讶。青春期的年轻人想与异性交朋友是正常的，是生理和心理发育的结果。要采取友好的态度，明确的告诉对方自己的态度：现在自己还是学生，我们不应该想这些事，更不应该谈这些事，不要为了一时而影响自己的前途，因为我们还很小，各方面都还不成熟，对一些事考虑得不成熟，对爱还担当不起责任。

2. 采用鼓励的方式给他（她）回信，也不失为一种好方法。这是

由于他（她）心理变化引起的，不是坏事。可以幽默一下说，收到你的信真的很高兴哈！也许你将来可以成为我的恋爱对象之一，不过现在我们的首要任务是学习。

3. 广泛交往的原则。我们是好同学，也是好朋友，再加上我们现在毕竟还小，现在建立这种关系真的是太早了，在上大学之前，我不会考虑建立这种关系，等将来再说吧。

当然了，作为写信的中学生朋友，当不被接受时，要控制自己，绝对不可以强迫别人，因为作为一个中学生，现在既无经济条件又无思想基础，实在不适宜过早的建立这种关系。

歌德说过这样一句话："哪个少女不怀春，哪个少男不钟情？"中学生所谓的谈恋爱大都没有明确意识，随着年龄的增长，身体的发育，生理的成熟，少男少女对异性产生好感和爱慕是正常的事，中学生之间产生朦朦胧胧的感情是在所难免的。这种事情的发生和中学生本身所处的年龄段有关系，因为处在青春期的中学生，本身有一种逆反心理，特别需要和别人沟通，需要别人的爱护。所以，中学生此时要和父母多沟通，从心理上把自己的小秘密与父母分享并从父母那里得到一些对自己有利的建议。

16. 有男生骚扰怎么办

我国法律对性骚扰的概念没有明确的规定，通常意义上，性骚扰是指一个人以某种利诱或威胁为要挟，将自己的性要求强加于他人，迫使他人服从自己的性意志。包括语言上的侮辱、威吓，对身体的猥亵和性的引诱、挑逗等，违背本人意愿的拥抱、接吻、抚摸等身体接触，最严重的是性的侵害。中学生在受到男生骚扰后常常陷入被动、自卑、无奈的困境，甚至会导致严重的心理创伤。

王某，今年 18 岁。两年前，他在社会上结识了一些不三不四的人。去年初，同班一男生给他留一电话号码，说是一女生家电话，没事打着玩吧。王某白天趁双方家长不在家，便拨通这名女孩家电话，开始他想约女孩出来认识认识，几次遭拒绝后，便大骂出口，什么难听说什么。今年以来，他开始变本加厉，拿起电话就说一些下流语言，经常搅得女孩子及全家人不得安宁。

目前，在中学生中也存在着这种骚扰现象，因而，为保护自身利益，女生应该勇于面对男生的骚扰。

生活中的骚扰现象

生活中，女生们要了解骚扰的一些小常识，首先要知道它主要有

哪几种情况。

1. 公共场所。

骚扰方式：被他人用暧昧的眼光上下打量或予以性方面的评价。

处理方法：倘若有陌生男生搭讪，千万不能退缩或不好意思反抗，你可以不予以理睬，可能的话要立即退步抽身；对有性骚扰企图的人，首先要用眼神表达你的不满；如果对方表现实在过分，已经无法忍受，你可以怒目而视，大声质问他，以引起公众的注意。这样可以使侵犯者知难而退；若他一再的一意孤行，你可以报警，或请警察协助；如果发生在公交车或电梯上，你的书包可以用来遮盖你的重要部位，如果没有什么东西可挡，你可以用肩膀对着他的前胸，避开尴尬的目光触碰。大声叫："把你的手拿开！"

2. 电话骚扰。

骚扰方式：通过打电话，"还记得我吗？"、"你怎么会不认识我？"总之，对方会想尽各种理由与你闲聊，而且其间你会接二连三的接到

这样的电话。

处理方法：一定不要用激烈的语言反唇相讥，因为这样做正好会引起对方的兴奋。应该用严正的语气说："你打错了电话！"若对方是个经常骚扰的陌生人，只要他打进电话，应该马上挂电话，不要理他或者用哨子对着听筒猛吹，让他受不了你的噪声，而放弃行为；或者告诉他这部电话装有追踪器或录音设备，还可以用来电显示，记住号码后，或是不再接他的电话；或是报警；当然，你也可以向父母倾诉，这样也可以一起想办法。

3. 收到淫秽物品。

骚扰方式：有人向你展示或赠送与性有关的色情刊物或图片。

处理方法：不要畏缩或偷偷将其处理掉，要正面表明态度你可以用坚定的语气向对方说："你的行为让我恶心，我会告诉老师"或者说："你等着，我立即报警！"并将事情转告其他相识的人，留下物品作为证据；消除贪小便宜的心理，中学生平时也不要轻易接受异性的邀请与馈赠。

4. 交通工具内遇到骚扰。

骚扰方式：遇到故意强搭你肩膀、手臂的人；或故意碰触自己身体的人；还有对你的身材、服饰给予关于性方面的评价的人。

处理方法：要大声质问："你要干什么？"或者说"你太过分了！"不可以保持沉默，因为沉默就意味着接受他的行为。此时此刻，不必考虑礼貌，你的目的是：让他立即远离你！也可以狠打其手，也可以告知同行的伙伴，引起公众的注意，使侵犯者知难而退。事后，一定要将情况告诉老师和长辈。

有男生骚扰怎么办

为防止男生骚扰，女生平时也一定要注意以下情况。

在平时要注意着装，由于处于青春期，身体线条逐渐开始形成，从而散发出女性特有的美，女孩想展示自己的美丽与性感无可厚非，但在公共场合还是不适宜太过于女性化，尤其要避免穿袒胸露背或超短裙之类的服饰去人群拥挤或僻静的地方，否则就很容易给男生骚扰提供可乘之机；外出时，在陌生的环境，要注意那些不怀好意的尾随者；另外，夜晚外出应注意安全，女孩如果没有同伴，夜晚独自外出，一定要有安全防范措施，如让父母等候，或手机随时与家人联系；尽可能地不去偏僻的地区；带好带喷头的定型水或喷雾剂等，必要时采取躲避措施；平时要尽量避免与不了解的男生单独相处，因为异性单独相处的环境是性骚扰现象的高发区，而且一旦发生性骚扰，也很难举证。所以涉世未深的中学生不要轻易地答应陌生男生提出的各种请求和邀请；为避免被骚扰，中学生，尤其是女生在异性交往中应注意自己言行的分寸，让对方一开始就清楚你的行为准则，不敢轻易冒犯。

对于情节严重的你一定要报警，另外如果你穿了坚硬的一些皮鞋之类的，你可以毫不客气地使劲踩他的脚，等他疼得大叫时，你便假装没事似地说声："对不起"；回家路上遇到不怀好意的人，可以找附近的同学、老师或者佯装打电话告之父母来"援救"等等。遭遇性骚扰，也可机智周旋，还应设法保留证据，及时向有关部门求助和告发。

对你进行骚扰的人，都是害怕见光的人，他们的胆子都不是很大，只要戳穿他们，他们就会像过街的老鼠一样，处在人人喊打的境地，他们也就会迅速溜走了。

如果受到伤害后，也要尽快去医院检查，以防止内伤、怀孕或感染性病等，并及时进行心理咨询、心理治疗，医治精神创伤。父母、教师要教育女学生学会保护自己；事实上，生活中有不少的中学生在受到性骚扰后不敢告诉父母和老师，而自己独自默默承受不能自拔时会影响到你的身心健康，这时，你一定要摆正心态，一定要相信你自己。因为从事情的本质上来说，你是无辜的，你是受害者不是施害者，所以你完全没有必要感到羞愧难当，相反，你要勇敢地说出来，相信老师、同学、父母等都是你最忠实、最坚强的后盾，相信只要你说出来，你就会得到大家的同情与关心，而那性骚扰者也会受到道德法庭的审判和社会舆论的谴责。

17. 女生为什么怕见男生

在我们的生活中，无论是性格外向型的人，还是性格内向型的人，都存在一种渴望与他人交往的心理。特别是处于青春期的中学生，对异性间的交往更为向往。

喜欢结交异性朋友并不是什么不耻之事，这是很正常的现象。但由于我国传统封建思想仍然起着一定作用，所以，中学生在与异性交往中表现出拘谨、羞涩、窘迫，甚至恐惧的现象。

小丽上初二的时候，班上来了个插班女生，她长得很漂亮，同学们不分男女，都喜欢和她交往，尤其是班上的男生，大多成了她的好朋友，从那时起，小丽开始羡慕她，并受她的影响，悄悄打扮自己。但由于小丽长得不漂亮，小眼睛大鼻子，任她怎么打扮，男生也不注意她，她又不愿主动接近他们，怕受冷落，被人耻笑为"自作多情"，就这样，她越来越怕见到男生。

其实，现如今男女交往是很正常、很普遍的现象，但总是有一些女生会因为害羞而怕见男生。

作祟的羞怯心理

人际交往是一种非常复杂的社会心理现象，在中学生人际交往过程中，一些不良的心理因素会阻碍中学生人际交往的正常进行，使一些中学生不敢交往，不愿交往，甚至不能进行正常的交往，这样就严重地影响了他（她）们的学习与生活，使渴望友谊的青春期学生不能达到期望的效果。

在人际交往的过程中我们发现，很多人都会表现出一种胆怯的心理，特别是女生犹为明显。其实，这一心理表现，就是我们通常所说的胆怯心理，或者用羞怯更为合适。羞怯心理是一种较常见于青春期中学生人际交往中的现象。中学生面对新环境的交往活动，看起来显得很不自在，表现有些胆怯，这些都是正常的，每个人都会有这种心理，人的羞怯情绪似乎是一种与生俱来的品质，从某些领域来看，羞怯并不一定是一个完全贬义的词，有人甚至认为"适当的羞怯是一种美德。"当然了，凡事都是要讲求一个"度"，如果过度羞怯，就会妨碍良好人际关系的形成。它往往使一个人处于一种消极保守的状态下，整日沉溺在自我的小圈子里，这样对个人的发展是非常不利的，甚至有可能造成心理障碍。

曾有一个邻家女孩，大概有十五岁，她很怕与人接触，父母带她出去串门，她总是怕叫人，即便很熟悉的人她也只是叫一声就不吭声了，不像许多同龄人那样跟谁都能大大方方地说话。老师也说这个女孩儿性格不开朗，跟同学相处时也很羞怯。我们都知道，现在社会人际关系越来越重要，这个女孩儿的羞怯心理让父母十分着急。

其实，社会交往中，有半数人都有一种害羞表现，美国有一项调查说，有八分之一的人在生活的某些方面过于胆怯。胆小怕事的中学生往往也是性格内向、孤僻的。因此，中学生要多创造机会，鼓励自己主动与人交往，取得同伴情感上的支持。比如主动与人打招呼，邀请同学上门来玩，同客人一起玩等，培养自己大胆行事，战胜自己的羞怯心理。

克服羞怯心理

交往中的羞怯心理多见于两方面表现：一、害羞，二、胆怯。具有害羞心理的人在社交场合，在他人面前，特别是在陌生人、异性面前，常表现出腼腆，动作不自然，脸色绯红，说话声音很小，甚至手足无措，语无伦次，言行举止都显得有些失常。而有严重羞怯心理的人常常不敢与人接触，怯于交往，对交往通常采取回避的方法，特别是与异性交往时，她们多会采取逃避态度。

其实，这些无非是因为中学生的青春期在使然。青春期的最初阶段，男女生接触显得很不自然，局促不安，男女之间说话容易脸红、紧张，这段时期，被心理学称之为"异性疏远期"。这种表现在青春期女孩中时有发生，这种恐惧并不是对男孩的恐惧，而是在心中产生的对异性爱慕的恐惧。

有句话叫"郎骑竹马来，两小竞无猜"，其实这句话描写的就是小时候男女间的纯洁友谊。到了青春期的男生女生就能够意识性别的不同，从而开始疏远，男女同学形成了两个集群，从此不在一起玩耍，不在一起学习，甚至有时相互攻击，其实这是性意识萌发的一种特殊表现，主要是男女同学意识到两性差别与两性关系导致暂时疏远。这也正是青春期一个显著的特点。

那么我们怎样才能克服这种羞怯的心理呢？首先，我们应该承认自己的性别，就是女孩子也没必要表现的那么羞怯。既然，能够意识到自己羞怯的心理，我们就要想方设法克服它。在同学交往中我们不妨试着主动一点，与同学多多沟通，表现出自己热情的一面，平日多参加一些有益的活动，锻炼自己在众人面前说话的勇气。相信过一段时间之后，你们就会有所改变，变得比以前开朗了，朋友也多了，心情也会随着好起来。

18. 男女生之间真的没有友谊吗

男女生之间的纯真友谊极少，因此显得及其珍贵。有个异性朋友并不难，问题的关键是你们之间有纯真的友谊吗？纯真两个字很重要，纯真的友谊是什么？那就是在异性之间没有情，没有爱，没有性，像哥们一样，友好的往来，友好的相处，不带色情也不带利。异性之间的纯真友谊，是男女关系中较为特殊的一种关系，这种关系是一种中性关系，需要男女双方都要偏离原来的性别，找到一个平衡点，这个点是纯真友谊的核心。男生和女生之间纯真的友谊是相同的志向和兴趣爱好使大家走到一起，无关性别。

体育课上，某班考试跑步，本来就是一件很平常的事，却因为有一个女同学跑步时，有一个男同学帮她拿了一下外套，跑完步之后，男同学将外套还给女同学，正巧被一个多嘴的男同学瞧见，大声嚷嚷，这不，班里全炸开了锅，一个个难堪的问题向那两位同学"轰来"，一双双意味极深的眼睛向他们射来，一声声讥笑的声音传道他们的心里。明明就是一件很平常的小事，却因为当事者是一男和一女，事情就被奇怪的变得复杂了。

像这种情况，相信很多中学生身边都遇到过。其实，仔细想一想，男女生还是有友谊的，这样对双方的身心发展也有一定的促进作用。

男女生之间纯洁的友谊稀少的原因，是因为纯真友谊的存活率很低，并不是你不想让它活，而是它生存空间很狭小，不适应它生长，它的生命周期也很短暂，这朵花很美，但开不长。男女生之间的纯真友谊，是在彼此的关系上有一个准确的度的把握，也即双方欣赏对方，好感对方，却无丝毫杂念。只要一方有不同的理解，有其他目的，那么男女生之间的纯真友谊就要打问号。

青春期的中学生结交异性朋友这是十分正常的现象。处于这一时期的中学生，正是人的个性成熟和全面成长的时期。在生活中，人们发现，交往范围广泛，不仅有同性朋友而且有异性朋友的青年人，性格相对说来比较豁达开朗，情感体验比较丰富，自制力也比较强，心理容易平衡，情绪波动小。

异性朋友之间交往本是很纯洁的友谊。但随着交往程度密切加深，往往会超出友谊的范围，如果处理不当，便会酿成悲剧。要学会把握分寸感，把握得好，便不会伤害到对方的友谊，还会使友谊朝着健康的方向发展。

与异性朋友交往可大方相处，但需要注意文明礼貌，更需要加强道德修养和讲究高尚的格调，既要热情友好，又须沉稳持重。男女有别不可否认，异性朋友与同性朋友是不同的。同性朋友可以尽情交往，可亲密无间，但异性朋友之间的交往却不可过分亲密，尤其不可过于轻佻。男生与女生之间交往要讲究道德，注意采取适当的交往方式，光明正大地交往。

异性交往把握好度

男女同学中应该提倡广泛的交往，只有具备了在正常气氛中交往的经验，才有可能使中学生通过比较进行鉴别，逐步掌握友谊与爱情的区别，从而更稳妥地把握自己的情感，学会与异性交往是"青春期"最重要的社会目标之一。按照人类心理社会发展的自然进程，一个正常人从初中开始就需要学习建立异性友谊，因此与异性交往并非是"长大以后的事"。相反，如果真的等到离开学校走上社会以后才开始学习与异性交往，很可能就会因为缺乏锻炼而成为这方面的"困难户"。学会正确地与异性交往，把握好尺度，否则将会适得其反。

如果是男生的话，作为父母应该正确地指导他：

1. 不要过分拘谨。在和女生的交往中要显露大方，该说就说、该笑就笑，需要握手就握手，这些都属正常现象，过分忸怩反而让人家讨厌。但也不要过分随便，否则有可能会把女生吓跑。

2. 不要太严肃。在与人交往时不要表现的太严肃，太严肃让人不敢接近，望而生畏，可以不失时机地表现一下幽默感，这样比较容易受欢迎，但不要发展成油腔滑调，那样就容易让女生生厌。

3. 学会绅士风度。从古至今，女性就被视作弱势群体，所以"男性汉"们要学会谦让、学会保护女士。比如一起在马路上闲逛时，男生应该走在靠车行道的一边；进出门时，男生要给女士开门，让女士先进先出等。训练男生的绅士风度，可以从"照顾"妈妈开始。

如果是女生的话，父母要教她们与男生交往时保持的最佳尺度，做到既能展现女生的魅力又能避免吞食苦果。

1. 不要过分热情。女生与其男生交往中表现得过分热情，会让对方觉得你比较轻浮，往往会产生非分之想，将不利于正常交往。

2. 要有警觉心。"食色，性也"，不排除很多男生都有好色之嫌，女生要时刻保持警觉性，及时发现色狼的不良动机，以采取防御行动。

3. 不要总是不理会对方。在交往过程中大多数男生较主动，如果女生一直不理不睬，保持着"冰山冷美人"的形象，让人不敢亲近，久而久之，便不再会有男生接近了。

异性交往的益处

青春期的中学生们通过对同龄异性的各种特征的了解，增长对异性的认识，为你们今后更加现实、更加胸有成竹地选择终身伴侣进行心理准备，这是少男少女接触异性世界的开端。男女生通过接触异性去发现和认识自身的价值，逐步形成切合实际的自我评价。尤其是现代城市家庭中的独生子女，在同龄人中寻求文化娱乐、心理交流的伙伴，是对现代小家庭"功能缺失"的一种补偿。在这方面，异性的交往，不仅不可阻止，而且是应当受到鼓励的。青春期异性交往最好选择以群体方式进行，这样便于吸取众多异性的优点，也可早早地避免陷入单独约会的感情漩涡。

青春期异性交友的益处：

1. 在交往的活动中有利于互相激励。一般的中学生们都会有这样的感觉，在异性面前心理总是有难以言表的愉悦和兴奋，而且愿意表现自己的长处。其实这是异性心理效应，男女生交往时彼此之间获得了不同程度的愉悦感，并同时激发了你们内在的积极性和创造力。

2. 在交往中有利于智力上的取长补短。中学生男女的智力类型存在差异。男性思维往往离奇、大胆、灵活，擅长抽象逻辑思维。女性思维敏捷、细腻，擅长具体形象思维。不言而喻，通过交往，男女同学均可以从对方那里取长补短，从而有助于提高自己的智力活动水平。人际间情感是极其丰富的，异性之间有着不带爱情色彩的情感交流，可以使人感到温暖，达到心理上的平衡。一般来说，女性的情感比较细腻温和，富有同情心；男性的情感粗犷热烈，且容易外露。处于青春期的男女生都想成为异性注目的人，都会极力改变自己、完善自己，异性交往给双方造就了一个发展各自优点的最佳环境，这对克服自身缺点和弱点是一个难得的促进。

3. 异性交往对于个性的互相丰富更有利。对于处于集体中学生们来说，交往范围越广泛，深入到社会关系的各方面也就越深刻，他自己的精神世界也就越丰富，个性发展也就越全面。中学生正处在思想的敏感期和活跃期，其在思想观念上的片面性、局限性不利于自身的

成熟和完善，异性交往利于双方在信息传递、思想沟通和感情交流方面取长补短，对于其思想的成熟和身心健康发展起着重要的作用。反之，只在同性圈子里交往，人的心理发展往往是狭隘的，因为尽管同性者个性之间也存在差异，但是相对于异性间个体的差异则显得更加明显。

4. 有利于了解异性。每个中学生都有与异性交往的需要。压制这一需要，不利于身心健康，因为世界是由男女两种性别的人构成的，少男少女的正常交往有利于消除神秘感和好奇心，增进健康的心理。如果男生女生"一分为二"，老死不相往来，那么社会或班级就没有活力，没有凝聚力。

总之，与异性交往是一门科学和艺术，只有在不断的实践和学习中，才能逐渐使自己掌握其要领。

第三章

生命与家庭教育指导

1. 对父母要有敬爱之心

"孝"字在字典里一般解释为"孝敬","孝顺"。所谓孝敬，是指对父母长辈的孝顺、尊敬，而孝顺是指尽心侍奉父母或尊重并顺从他们的意志。行孝的关键语只在一个"敬"字。换句话说，子女对待父母的先决条件就是心中怀有"敬"意。孝顺不但要奉养，还要尊敬。如果对父母的行为不恭敬，言语不和逊，面色不柔顺，即是早起晚睡，耕耘栽种，十分辛苦劳累来奉养父母，也不能称之为孝子的。

武刚是一名中学生，因为是独生子，在家里倍受宠爱，但凡他的要求，父母都尽量满足，衣来伸手，饭来张口，连自己的床铺都要由母亲来整理。某日，母亲生病卧床，要他独自去楼下的快餐店解决吃饭问题，且自己铺床。一听说家务得由自己动手，该男生竟大发雷霆，对着病床上的母亲大发脾气。母亲被气得眼泪直流："为什么对他这么好，他还是不知道尊敬父母呢？"

"喂，老妈，你给我把语文书送来，1点钟前必须送到。"在学校的公话亭，我们常会听到这样的命令声，用命令的口吻与父母说话，连最起码的讲文明有礼貌都没做到，怎么谈孝敬父母呢？

孝顺父母，敬字当头

"孝道"是我国几千年流传下的美德，应该继承和发扬。然而在当今社会，倒孝成为了主流，许多人面对父母不是冷言相向，就是不搭不理，"顺从"的意思已经很弱了。孟子讲了这样一件事。曾子侍奉父亲曾皙吃饭，每餐都有酒肉，饭后曾子一定要请示剩下的给谁。曾子的儿子就不同了，他侍奉曾子吃饭，虽然也一样有酒有肉，但饭后不问吃剩下的给谁。虽然这样的一句问话无足轻重，但其中包含的意义却有天壤之别，曾子的请示包含的是敬重，一切听从父亲吩咐，而曾子的儿子对父亲的话已经无所谓了，所以根本不问，这就是赡养和尊敬的区别。儒家倡导对父母首先要"敬"。何谓"事之以礼"，"礼者，敬也。"礼的核心是"敬"，尊敬父母是孝的一个重要内容。

赡养父母是孝道最基础的孝行要求，尊重父母比赡养父母更难做到。《吕氏春秋》说："奉养父母是可以做到的，对父母恭敬就难做到了；对父母恭敬是可以做到的，使父母安宁就难做到了；使父母安宁是可以做到的，能始终如一就难做到了。"尊敬父母和所有长辈，不仅是古代社会提倡的，也是当今社会所提倡的，它应该是每一个公民必须具备的基本道德素养。所谓尊敬父母，指的是恪守父母和子女之间的礼，也就是俗话说的规矩。其中最重要的就是不执意违背父母的意愿，不增加麻烦。"敬"和"爱"是联系在一起的，要尊敬父母，最重要的是要爱父母，发自内心的真诚的爱。在思想感情上，不能认为父母对自己所做的一切都是应该的；更不能认为父母老了，对自己来说就是一种累赘和负担。

父母之爱大于天。父母的养育之恩永远不能忘，特别是父母到了风烛残年的时候，经济来源没有了，或虽有经济来源，但身体却每况愈下，此时正需要儿女们的照看。因此，儿女们不仅要关心父母的衣食住行，更要关心他们的身体健康。人到了晚年，性格也就变得古怪，常唠唠叨叨，甚至常常生气。因此，做儿女的一定要体谅老人。《礼记·祭义》说："孝子之有深爱者，必有和气；有和气者，必有愉色；有愉色者，必有婉容。"对待父母时时都应该以和颜悦色的态度，不能以生硬的方式对父母说话；更不能大声地训斥父母。经常使他们保持精神上的愉快，满足他们精神上的需求，这才是对父母的尊敬。

孝者无违，违与不违

所谓孝顺，意思是"尽心奉养父母，顺从父母的意志。"这就是孔子眼中的孝，就是要顺从父母的意志，不违抗。其实这也是尊敬的体现。但是，当父母意志与真理相背时，子女是奉行真理至上，还是父母意志无敌？如果是前者那么你就是不孝子孙；如果是后者，那么也就意味着只要父母一声令下，你们就得赴汤蹈火在所不辞。无论是坑蒙拐骗，还是偷抢杀淫。法律可以视而不见，道德可以灰飞烟灭，真理可以全然不顾。即使颠倒黑白，混淆是非，都可以不在话下。这种孝顺，作为子女的是该还是不该行呢？其实，这里的顺并不是愚顺，并不是教大家愚孝，不管父母的意愿是否合理，子女都要遵从，这不是真孝。"孝"包括"先意承志，谕父母之道"，就是说，要能顺从父母的意志，但是父母有错误的时候也要尽力规劝，而不是一味的盲从。

对于尊重父母，不只是礼仪等比较传统方面的尊敬，而且要接受父母的处事方法，对父母的选择（包括涉及子女的）理解、包容。如果人们将"孝"解释为尊老、敬老并赡养其身体、顺从其意志是正确的，或者说，如果我们的父辈和子辈都毫无异议地抱持这样的"孝"的观念，那么，这就只说明"孝"是一种单向顺从的，并非两代人间心灵的沟通与交流。但是，任何事物的存在都有其两面性，任何思想与感情的交流都必须是双向的，所以，这种顺从不是我们所提倡的。如果子辈们不论在家庭里还是在社会中的所作所为只是为了顺从父辈的意志，满足父辈的意愿，获得父辈的好感和赞许，而既不关注社会的道德与正义和父辈在家庭里、社会中的全部行为的是非曲直，也不自觉努力按照道德与正义的原则立身处世，那么，这无疑是很可怕的。如果子辈们把所有的理想与未来生活都寄托在父辈们的期许与好感之上，而没有思想的发展与创新，不顾自己立身处世的根本，这无疑是希望的破灭；如果我们的父辈都高兴接受他们的子辈的低眉顺眼，阿谀奉承，百般顺从和万般伺候——那么，这将是可悲的。所以，顺从也要有度，在违与不违的选择之间，我们要考虑到仁，考虑到义，站在现实的根基之上。

金无足赤,人无完人。天下父母绝非完人,我们对父母要尊敬,应关心,该关爱,但不能愚顺。我们今天说提倡的"孝"应该冲破封建思想的束缚,从"父为子纲"的封建枷锁中解脱出来,提倡父母对子女要慈爱,子女对父母要孝顺,即"父慈"、"子孝"。父母意见应该倾听,理应重视,但仅作参考。吾爱吾父吾母,但吾更爱真理。如果子女觉得父母有欠缺的地方,也不能单方面的"孝顺",应该提出异议,这是真的为父母好。这是精神方面的"孝",是"大孝",较肉体方面的"孝"更为重要。

2. 与父母沟通的技巧

父母与子女之间应该学会沟通。子女逐渐长大,一些对人生的了解便会日益深入,性格也逐渐形成,会有自己的立场和观点,甚至有可能某些观点与父母的发生冲突,这可能就是许多人所说的产生了"代沟"。这时,如果沟通不善,就会产生矛盾,矛盾过激甚至会产生不良后果。遇到这种情况,沟通就得占主导地位。父母得积极了解子女的情绪和想法,子女也得体谅父母的关心。做好了这个过程,好的结果就不言而喻了。家是一个温暖的港湾,有效的沟通就能更给人一种"家"的感觉。

有一位单亲妈妈,含辛茹苦,在一家服装厂做工,月入不过千元。但儿子不争气,花钱大手大脚,并屡屡违反班级规定,累教难改。于是,老师找到学生,并没有再批评他,而是向他提出了一个要求,周日休息的时候,到她母亲工作的车间去看一看,并陪母亲共进午餐。起初,学生表现极不情愿,但听说老师要陪他前往时,他勉强答应还是独自前往。周一,学生主动找老师谈心,他说当看到母亲在狭小阴暗的车间内,赶制服装时,他的鼻子不禁酸了,眼泪欲夺眶而出;当母亲看到他时,是何等的幸喜与激动。此后,这位同学加强了自控,变得懂事了,不但节约了很多,而且在校表现良好,不再使母亲操心。

一次，妈妈生病了，他半夜三点钟，将母亲背下7楼，送往医院就医。

中学生正处在青春期发育阶段，内心逐渐产生一种要自己支配生活和学习的欲望，而父母则希望在各方面指导你们，所以，怎样和父母沟通就成了一个问题。

与父母的交往

中学生要了解父母，关心父母，不要回避父母。平时要与父母多沟通，让父母知道你的想法。在沟通的过程中，要多观察，多倾听，注意沟通的方式，尊重父母。要学会换位思考，体会父母的爱子心情，用温和、委婉的语气表明自己的想法，从而更好地解决问题。

与父母之间产生矛盾的原因：

1. 进入青春期，有了自己的思想，渴望独立，渴望重视，甚至挑战父母权威。

2. 父母还把中学生当小孩，不放心、唠叨、责怪，于是矛盾产生了。

与父母产生代沟和矛盾是一件很可悲的事情，所以，我们要正确对待与父母的代沟和矛盾：

1. 要走进父母，亲近父母，努力跨越代沟，与父母携手同行；

2. 学会与父母沟通商量。通过商量，弄清分歧，找到双方都能接受的办法。通过沟通，就能得到父母的理解，甚至改变父母的意见。

3. 把握与父母沟通的要领：彼此了解是前提，尊重理解是关键。理解父母的有效方法是换位思考，沟通的结果是求同存异。

与父母交往的艺术：

1. 赞赏父母，交往起来无烦恼；

2. 认真聆听，交往起来免误会；

3. 帮助父母，交往起来无障碍；

4. 在家庭交往中，与父母不必太计较。即使父母错了，也要原谅。

如何与父母沟通

在家庭中，子女与父母之间难免会有分歧，而且中学生与父母的分歧会更多一些。这其中，有生活方面的，如晚饭吃什么菜呀，今天穿什么衣服呀，房间怎么布置呀等等；有学习方面的，如学习时间的安排，学习计划的制定，学习方法的采用等等；还有思想认识方面的，如对某种社会现象的不同评价，对某部电视剧的不同看法等等。这些问题上的分歧在一定程度上也反映了当代中学生和父母的各种心态。

前苏联教育家马卡连柯说："没有父母的爱所培养出来的人，往往是有缺陷的人。"中学生渴望得到爱，更渴望得到理解、信任和尊重，可现实恰恰相反，一些父母在爱的旗帜下，不约而同的推行"专制"主义。于是，两代人在爱与被爱之间发生了无休止的"战争"。谁也不会否认，目前我们这个社会有"代沟"存在，互相不能理解、不能沟通的家庭也很多，个别家庭的矛盾还挺尖锐。

有些中学生会抱怨："爸爸根本不理解我，还要常常管着我。""我和妈妈很难好好沟通，说不到两句话就会吵架。""妈妈不说话还好，若她说话我便会觉得很烦。"乍听下来，好像两代之间真的很难去互相了解，有的父母是愿意和子女沟通的，所以他们会去参加讲座、阅读书报，有机会时更会与其他父母交流管教心得和沟通秘技等，但为人子女的你们，相信亦不会只想和父母"一句起，两句止"，若期望父母单方面改变以往的沟通方式，何不自己亦去多做一些呢？

相信下面的方法会对中学生有很大的用处。沟通是让彼此明白对方的心意及表达自己想法的一种方法。而不同方式的表达会令人对你产生不同的看法。一般来讲，与父母沟通可以遵循以下几条原则：

1. 选择与父母都高兴的时刻与最适宜的场合。与父母沟通首先要注意"时空"因素，"时空"选择适当，就已经有了好的开始。

2. 苏格拉底的秘诀。大哲学家苏格拉底教人辩论，不是与对方针

149

锋相对，而是从让对方说"是"开始，从说"是"到"不反对"，最后"同意"，用非争辩性对话，获得对方同意。

3. 从父母需要什么的观点来达成自己的心愿。中学生最容易犯的错误，总是想到"我要什么"，没想到对方要什么，因此往往各说各话，找不到"交集"。例如，你想买一个游戏机，应该先说："妈，我下一次月考，一定每科都在八十分以上。"这样母亲很高兴。接着你说："我每科都进步，要有奖品呀！""你要什么？""游戏机"。这样愿望可能就成真了。

4. 相对付出与行为配合。要有好表现，在与你的要求相关的事物上，做出令父母信任的行为。例如你争取隐私权，不希望父母拆看你的信，你要表现行为正常。没有"神秘客"与你交往，没有"怪"电话找你，按时回家，这些都是让父母信任你的行为，在你做到这些之后，你要求隐私权，就可以如愿以偿。

5. 借助文字的魔力。有时候当面讲不清楚，或父母没时间听，可以写一封信，以打动父母的心。父母看到你写的信，会有思考空间，想想是不是你说的有理。也可以利用不同的节日，如母亲节、父亲节、父母生日，写个祝福小卡片，讨父母欢心，对沟通有很大的帮助。

6. "投其所好"。沟通需要先下工夫，先与父母把关系处好，做些对沟通事项有利的事情，了解父母的喜好。用父母喜好的方式表达，用父母喜欢听的话讲，沟通就容易达成。

一定要心平气和地和父母沟通，发生争执，要先想想自己在这件事情上有没有做的不太好的地方或者是不对的地方，如果是自己的问题要自己反省改正错误。如果是父母有什么不对的地方，不要与其争吵，要做下来与父母沟通一下，相信父母也会接受你的看法。而且在解决这个问题时要冷静。只有这样才能更好的与父母沟通，加深彼此的理解。

你应该做到，诚恳的和父母说出你希望他们怎么样？你对他们不理解的地方是什么？找个轻松的时候，与父母交心，在说明时，也许会产生这种情况，父母觉得你是小孩，对你的想法不屑一顾。这时你可以采取书信的方式来与他们说。你也要在与父母谈心时，了解到父母的想法，指出他们让你费解的地方。你也要力求理解父母的内心。只要你们双方互相坦白，互相交流思想，实际上是没有什么代沟的。

3. 理解亲情，心中多份爱

随着时间的流逝，往事会淡化。但在历史的长河中，有一颗星星会永远的闪亮，那就是亲情。时间可以让人丢失一切，但亲情却是无法割舍的。即使有一天，亲人离去，但是他们的爱却永远留在我们灵魂的最深处。只要我们生活在这个世界上，或者说只要我们还活着，我们就离不开亲情。可以说，世间的每一个人都沉浸在博大无比的亲情中，每一个人都在为亲情吟唱着沁人心脾的歌，每一个人无不对亲情在意，无不渴望天空般高远大海般深邃的亲情。中学时代的你如果对亲情还是懵懂无知，那么现在就要开始学着去理解了。

一个母亲极其宠爱她的孩子，对孩子的所有要求也是无所不应。在孩子结婚后也是一如既往。有一天孩子回家，告知母亲说他的情妇要她的心，母亲毫不犹豫的立刻拿了一把刀把心挖出来，交给了孩子。高兴的孩子拿着母亲的心狂奔着去讨好他的情妇。在路上不小心摔了一跤，正要爬起来走的时候，忽然听到一个微弱而真切的声音焦急地说："哎哟！我的宝宝，你摔坏了没有？"

这就是母爱，这就是亲情，这就是血脉相连的见证。虽然这位母亲的溺爱是不对的，但亲情至此却是毫无对错可言。

亲情，打开关爱的心门

佛经中曾有这样一则说明：当小马长到和母马一模一样的时候，想要辨别他们，只要看它们吃草时的情形即可。因为母马总是自己不吃草，把草推向小马的方向去。在现实生活中人们总会看到亲情的感动画面，一个家庭数个分支，但相互之间的亲情联系并没有因相隔的遥远而褪色。

古往今来，亲情无数次的被文人志士进行讴歌，它的存在让无数的人对其惦念。亲情到底有多高多厚，没有人能够说清楚，讲明白。如今的社会物欲横流，亲情的博大和温馨又是何等的重要。它能滋润人的心田，使生命之洲洒满阳光，充满生机，永远不会沙化；使人懂得怎样善待生命，仁爱一生；没有亲人之爱的生命是荒凉的，是没有色彩的，人生就多了一份孤独和寂寞。亲情是生命中的常青树，是你一生的牵绊。

亲情，有一种潜藏在内心深处的力量，无论相隔的有多么遥远，都会有一种挂念存在心底；亲情，是一首永不褪色的旋律，无论什么时候相遇，都会有一种感动萦绕心头；亲情，是一坛陈年老酒，甜美醇香，无论与谁提起，都会有一种幸福驻足心间；亲情就是亲人之间的感情，她的本质就是关爱，是一种来自于母爱、父爱、手足之情、血脉之亲、长者对幼者的疼爱……

亲情就像风雨中的一把伞，挡住大浪来袭时的灾难；亲情就像是冰天雪地的一堆篝火，温暖你即将冰冷的心房；亲情是荆棘荒途上的一朵玫瑰，为你绽放生命的瑰丽；亲情是一种力量，给予你战胜困难的勇气，净化你沾有污垢的心灵，提升你的思想境界。在我们的成长过程中不能没有亲情，亲情的存在是你的前行最为有力的支撑。

处于中学生时代的你，面对的不只是心理的发展，更面临着人生前进的方向，这个时代的成长是漫长的，在漫长的路途中亲情的相伴是必须的，没有亲情你将会束缚自己的脚步，不愿打开心房让朋友进入。也许你对亲情定义还不全面，但亲情就在身边，你只有在成长的过程中体会它的重要性，你才能真正的理解亲情在你心中的地位。

理解亲情，心中存爱

世上没有一个人会对亲情毫不在意，没有一个人会在成长的过程中不渴望天空般高远大海般深邃的亲情。古往今来，赞颂亲情的人不在少数，被惦念的人也不在少数。有这样一个亲情故事，让多少人感喟难忘，落泪不止：

一场地震灾难的突然来袭所引起的特大的泥石流吞没了一个熟睡的小山村。待救援人员赶到时，这个山村已被夷为平地，在听到有人惊叫："下面有声音。"救援人员来到指明地点，在一间被埋在泥石流下的仅剩下一角屋顶的小木屋处开始刨开泥土，屋里已经被泥沙填满，在房梁下的小空间里他们发现一个小女孩在那蜷缩着。但当救援人员要将她抱出来时她却哭闹不止。之后他们在小女孩蜷缩过的泥沙处，看到了一双 10 个手指。有人惊叫："下面还有人！"救援人员便开始以那双手为中心，小心翼翼地往外刨泥，不一会儿出现了一副惊心动魄的画面：一个半身赤裸的矮个子女人，全身呈站立姿势，双臂高高举过头顶，就像一尊举重运动员的雕像……而这个女人竟是一个盲人，被挖出来时已经僵硬。小女孩却仍不肯走，指着刨出的坑，又哭喊出一声"爹"。于是救援人员又立刻往下刨，就在女人的脚下，又刨出一个半身赤裸的男人，他的身子直挺，双肩也高高耸起……而这个男人也是个盲人！原来，矮女人正是站在男人的双肩上，将小女孩高高举起……这个故事让人们看到了亲情的力量，更看到了亲情的伟大。

在如今这个人情淡薄的社会，亲情的博大、温馨是多么的难能可贵的。亲情能滋润人的心田，使生命之洲充满生机，永远不会沙化。一队残疾父母面对无法抗拒的灭顶之灾，为了自己的孩子，竟有这样惊天的壮举，震撼每一个人，足以让整个社会燃起亲情的火焰。亲情能使你懂得怎样善待生命，仁爱一生；没有亲情关爱的生命是荒凉的，没有色彩可言；没有亲情的呵护，你的人生就多了一份孤独和寂寞。

　　在我们的生活当中，也许如此撼人的亲情并不时有发生，但亲情却无时无刻不洋溢在你的身边。在成长的过程中你能感受到亲情的可贵吗？你的答案或许是"我每天上学时妈妈不厌其烦地叮嘱路上要小心"、"我爸常年漂泊在外面挣钱供我读书"、"我妈妈嘴角上天天挂着让我充满自信的鼓励:我女儿最能干学习最勤奋"、"我妈每天晚上为我准备水果和夜宵"、"我小时候的衣服都是我奶奶洗的"、"我上学几年都是我爷爷顶着烈日迎着风雨接送的"、"我在餐桌上狼吞虎咽时,我妈一边为我拍脊背一边说:慢点吃,慢点吃,别咽着"……这就是我们不容忽视的亲情,虽然亲人的反复叮咛让你厌烦,但你却不可推却,因为他们是伴你一生的力量,推却他们,你的一生将不再会有光点出现。

4. 孝敬父母，从点滴做起

　　父母给了我们生命，抚育我们成长，给了我们人世间最伟大最无私的爱。在我们成长的路途中，每一步都包含着父母的心血和辛劳。寒冷时，父母给予我们温暖；困难时，父母是我们坚实的后盾；生病时，父母不分昼夜地照顾我们。我们长大了，父母却老了；在生活中，我们是越来越能干了，而父母越来越吃力了。子女的成长是以父母的衰老换来的，所以，父母对子女的爱是一个人一辈子都无法偿还的。

　　在三国时，有一个孝子，姓孟，名宗，字恭武，从小就丧了父亲，家里十分贫寒，母子俩相依为命。长大后，母亲年纪老迈，体弱多病。不管母亲想吃什么，他都想方设法满足她。一天，母亲病重，想吃竹笋煮羹，但这时正是冬天，冰天雪地，风雪交加，哪来竹笋呢？他无可奈何，想不出什么好的办法，就跑到竹林抱竹痛哭。哭了半天，只觉得全身发热，风吹过来也是热的。他睁眼一看，四周的冰雪都融化了，草木也由枯转青了，再仔细瞧瞧，周围长出了许多竹笋。他的孝心感动了天地。他把竹笋让母亲吃了，母亲的病就好了。

可见，孟宗为给母亲找竹笋，孝心感动了天地，他正是从点滴做起，去孝敬自己的母亲。

目前有很多中学生都对父母抱有很大的依赖思想，其中有大部分只知道向父母索取，觉得这些都是天经地义，却忘了原本应该具有的孝敬之心。反而为自己的行为找来不少的理由："我还没有立业，等我有钱了我再好好孝顺父母！""我还小，能为父母做什么呢？"……其实，这些想法都是错误的。孝是发自于内心对父母的情感的外在表现。只要心中有感恩之心，就能以任何形式表现出来。孝心，不分国界，不分年龄，不分贫富，惟一的区分就在于一颗心的投入。所以，中学生们不要为自己找任何的借口，在生活中要经常设身处地的为自己的父母着想，为他们尽一份自己的孝心，让你的孝心变成一种习惯，一种快乐，真诚地去回报父母的养育之恩！

孝心就在点滴中

古人云，"百善，孝为先。"孝心，不是几件漂亮衣服、家电或营养品，是要你给父母带去温暖。孝心，不是几个保姆就能代替的，是要你与父母心与心的沟通，给他们带来真正的快乐。一个微笑、一个拥抱、一杯热水、一顿晚餐、一盆洗脚水……都足以让父母感到欣慰，孝心就这样蕴含在日常生活的点点滴滴中。

《二十四孝》概述了我国古代二十四位著名孝子的孝行故事，其中记录了一则"戏彩娱亲"典故。大致的意思是说：在古时周朝有位叫老莱子的人，天性纯真对他的父母也特别孝顺。自成年后，就亲自照顾父母的日常起居，给父母做饭时，总是选择甜美适口又易于嚼碎的食物；给父母居住的地方，总是亲自查看力争做到温暖舒适；给父母穿的衣服，他总是洗干净后，叠好了放在老人的床头；在孝顺儿子的细心照顾下，两位老人的身体和心情一直很好，他们快乐地享受着晚年的福寿。

因为有父母在，虽然老莱子已经七十多岁了，但从来都没有感觉到自己大。有时候，老莱子为了让父母亲享受那种膝下承欢的感觉，还特意穿着五彩斑斓的花衣服，学着小孩子的样子在父母的周围故意调皮玩耍，想尽办法让父母开心。有一次，老莱子挑着一担水走到屋里，看到父母坐在那里半天不做声，好像很不高兴的样子。于是，他便假装脚下不稳，一下子摔倒在地，并且假装摔疼了，坐在地上哭闹起来，口里还说着，父母对他一点都不关心、也不心疼他，于是越发哭得厉害了。父母一看他这个样子，连忙过来扶他，母亲连忙掏出绢帕给他擦泪水，哄他站起来，他也就顺势跳起来告诉父母没有事情，母亲见状，笑着说："你这个坏孩子，就知道逗我们开心。"那一刻，他的父母亲都感觉回到了几十年前他们自己年轻的时候。

老莱子对父母的这份孝心，值得每个人学习。故事告诉中学生们：孝心，要从点滴开始。对于你们来说，"孝心"这个词可谓高深莫测。很多中学生们都误解了它的含意，一味追求如何给父母买礼物；认为让父母过上好日子才是孝心。其实，孝心完全可以身体力行。孝敬父母，不需要你为父母置办豪宅名车，不需要你为父母做山珍海味……孝心表现在生活的点滴之中，举手投足之间。中学生同样可以做到，你对父母的每一个微笑，每一句关心的话，每一个努力得来的成绩都表现了对父母的孝心。更多父母在乎的是子女的孝心，而不是子女的具体的孝行。孔子说："事君，致其身；事父母，竭其力。"事奉父母，尽心竭力而已。也许因你一句诚心诚意的话，或是主动的帮忙做些家务，他们也会暗自高兴；晚上给父母打一盆洗脚水，给父母做做按摩，给父母讲讲身边发生的事情，和父母分享自己的快乐……这些看似很平凡的事情，都足以让父母在梦里笑了。

从心开始，孝心堪敬

有父母在身边的人是幸福的，向父母表达一份自己的孝心，那是一种福气，有多少人想表达对父母的孝心的时候，却没有了这样的机会，一句"树欲静时而风不止，子欲养时而亲不待"，让多少人欲哭无泪！孝心，要从心开始。

"天仙配"的故事相信大家都耳熟能详，相传董永为东汉时期千乘（今山东高青县北）人，因生不逢时，为了避免战乱于是迁居至安陆（今属湖北省）。后来，他的父亲病故，他没有钱安葬，就卖身到一个富家为奴，为父亲赚取安葬费用。有一天，他在槐荫下遇到一个貌若天仙的女子，此女子自称无家可归，于是二人便以槐树为媒，共结连理。二人回到富家，女子用了一个月的时间织出了三百匹锦缎，为董永赎身。董永换回了自由身，便携女子返家，走到槐荫时，女子告诉董永，自己本是玉皇大帝的七公主，奉命下界来帮助董永还债，说完就凌空而去。从此，槐荫改名为孝感。

虽是一个传说，可董永的孝行却被世世代代的人传颂。正是这种精神为人们所感动，是啊，他可以为已经亡故的父亲卖身为奴，为什么现代的人就不能对父母多尽一点孝心呢？如果一个人对养育自己的父母都不喜爱，那他还能爱谁呢？这样的人就是人渣，只能被人嗤之以鼻，被社会淘汰在一些黑暗的角落。其实父母要的并不多，他们只是希望在晚年的时候老有所养，希望儿女都能生活的幸福。可是有的时候连这么低的要求也得不到满足。

现在的中学生们很容易忽视生活中的小细节，然而正是这些微小的关爱演绎了一幕幕感人的画面。中学生们要明白孝心并不是用嘴说出来的，要把孝心融入到生活的点滴之中，让父母感受到你对他们的爱。如果能一天天持之以恒的坚持下来，将是对父母孝心的最好体现。中学生朋友们，从现在从此刻做起，多为父母做点事，尽孝心。不一定非要等到你有成就了，要知道，或许那个时候他们都已不在。

5. 如何面对父母过高的期望

很多的中学生都觉得与父母难以沟通，他们有话宁可与知心朋友讲，也不愿对父母说。无论在价值观念、交友方式、生活习惯，乃至着装打扮等等方面，都容易与父母发生摩擦，不断加剧与父母的心理隔阂。其实，中学生与家长之间的交际障碍主要是由于社会阅历、思想方式、文化背景、价值观念等方面的不同而导致的。

每位父母都会对你们的未来有美好的愿望，这是很自然的事情。每位父母对你们的期望也是不同的，人们最常说的是"望子成龙""望女成凤"。常见的是：想让你们上好学校读书，将来考上大学，出国留学，学成后留国外发展，一生有个好的职业，收入丰厚，有自己的房子和汽车……有幸福的一生，等等。然而，父母对你们的期望越高，你们所承受的压力也越大。

有个女孩在小学六年级时，父母就希望她能上重点中学，可由于基础太差未能被重点中学录取。后来父母想办法让她以择校生身份挤进重点中学。上中学后，女孩很用功，早上5点就起床，背单词、背定理，再骑40多分钟自行车赶到学校，放学后回到家就写作业，从没有在晚上11点钟前睡觉……然而，期中考试结果出来，成绩是倒数几名。父母商定：省吃俭用请家教。不料，女孩听到此话情绪显得非常激动，含着泪水大喊道："不要家教，我很累，别再逼我了。"

从这些故事和个案，可以看到你们对于父母的期望往往都很不乐意。

父母高期望的原因

中国有句古话：望子成龙，望女成凤。每位父母对你们都怀揣着不同的希望，据我国一些城市的调查表明，幼儿的父母期望子女在学业方面达到大学毕业以上程度的达95%，初中毕业生的父母期望子女升学的有95.5%，到了高中这种情况达99.4%。这是父母在子女受教育等级上的高期望，与此密切相关的是对职业等级的高期望：98%以上的父母希望子女将来成为科学家、工程师、医生、经理、干部和教师等。那么，究竟是什么原因使父母们具有这样的期望呢？

1. 父母的社会需要与期望。从人的活动有其动机和目的性出发，我们可以看出父母的社会需要与期望关系十分密切。

中国古代社会父母抚育儿女是为了养儿防老、传宗接代和增加劳动人手等，也希望儿女成龙成凤。"龙凤"在这里指的是中国传统文化中的帝王将相和达官贵人们权力和富贵的象征，到了近代，成龙成凤的内涵已大大发生了变化，虽然还有"人上人"的成分，但已复杂得多了。现代人养育子女的观念"除了社会地位和身份、有刺激性、权力、经济效益、道德和性的标准外，还有自我延伸感、创造感、成就感、能力感和社会比较竞争等"。

自我延伸感意指有了你们会提高父母的责任感、忘我精神，并促进父母自身的意愿等在后代人身上体现。不管是让你们继承父业的，还是因为有补偿心理让过去自己没有实现的愿望，通过你们来实现的都是如此。通过当父母，帮助你们成长和发展，父母可感到一种快慰、产生创造感、成就感和能力感。许多父母尽心扶植你们，为你们所取得的每一进步而欢欣宽慰便是为了这些。你们的成就可以被父母用来同他人的子女相比以评价各自的成功与否，并从中获得高度的自尊和满足感。当然希望自己的子女一切都比别人好，什么都比别人强的攀比心理也是不适当的。这些原因反映了父母们的社会心理需要，他们根据自己的经验、学识和思维，为你们的成长和发展进行构思、规划、设计和安排，这就形成了父母对你们的期望。这种期望是在你们还没出生前就可能产生的，并且会影响到你们的整个成长时期。"可怜天下父母心"就是说这种期望在所有的父母身上具有普遍性。

2. 父母期望中的目标价值趋向。在你们还小的时候，父母最关心的是你们的生命和健康，随着你们的成长，父母开始关注你们的社会化发展和经济上自我维持的行为能力，这包括你们的学业成就、道德品质、智能结构、人际交往、心理素质、职业定向、经济收入和社会地位等。目前的父母对你们最关心的莫过于学业成就和职业定向了。出现这样的情况，社会学家认为：一方面，教育程度的高低可以影响个人社会职业地位的升降，以学业年限为主的教育升等是以体脑劳动比例多少为主的职业升等的一个非常重要的因素。各个国家受教育愈多的人愈容易获得好声望的工作。

另一方面，职业评价也影响到父母对你们的教育期望。职业所需专业素养是否符合个人的兴趣爱好和特长，是否具有高经济收入或工作自由度大等是职业评价的主要内容，而为选择这种职业就需得到与之相适应的学历。所以"教育动机和就业问题决定着你们的流进和输出，制约着你们的成败，因而也就控制着人们进入或离开教育领域"。

当然，随着社会条件和社会舆论的变化，父母期望的标准会不同，如从文革期间的参军热到文革后的上大学、出国留学、艺术专长和经商热即反映出父母随社会而变的时尚性价值趋向。

一般说来，父母期望中的目标价值趋向标准是与其价值观念密切相关的，如果以行为学家斯布兰格的六类价值观来探讨父母期望中的目标或对你们将来从事职业选择的意向的话，以知识真理为中心的理性价值观期望你们成为科学家；以形式的协调和匀称为中心的美的价值观期望你们成为艺术家；以权力地位为中心的政治性价值观期望你们成为管理者、领导人乃至政治家；以群体他人为中心的社会性价值观期望你们成为教师、医生、律师等一些以他人为直接服务对象的人员；以有效实惠为中心的经济性价值观期望你们成为实业家或富有者；以信仰为中心的价值观期望你们成为文人学者或思想家。当然这六种价值观并不是绝对单一的，可以是一主多辅或兼收并蓄的，也就是说父母期望中的目标会有多种价值体现，并且随你们的成长和发展来显示、实施和实现的。再者，父母期望中的目标水平还存在着不同的程度或层次，不是说所有的父母必然期望你们成名成家，但却可能是期望让你们具备某些有价值的素养。

如何面对父母过高的期望

作为一名中学生，要有应对父母过高期望的能力。怎样面对父母过高的期望？中学生不妨从以下几方面努力：

1. 学会理解父母，变对立为合力。对父母来说，"望子成龙"是十分合情合理的想法。每个父母都希望你们比他们强，长大有出息，在社会上能够有理想的工作，有美满的生活，并且大多数的父母都希望你们能实现他们未完成的理想。他们往往以自己的社会阅历和生活经验告诫你们，要把握机会，考入一流大学，进入热门专业，赢在"起跑线"上。这些想法都是出于父母对你们的爱心和责任心，所以，作为子女应该理解父母，平时父母对你学习上的叮咛、考试分数的唠叨，实际上都是爱的一种表达方式。作为子女，不应该过多计较父母的语言、态度、方式和方法，而应该更多地体会父母对自己的帮助，通过自己的实际行动，让父母对你学习的态度放心，对你努力的行动满意。在互相理解的基础上，将父母对你的期望转化成你们的共同目标。

2. 学会与父母沟通，变压力为动力。父母对孩子的期望，往往出于自己内心的良好愿望，可能有时也是非常理想化的。他们更多考虑社会的需要、自己的需要、家庭的需要，而忽视了你们个人的需要，较少站在你们的角度上看问题，比如，从你们的学习基础、现有的知识水平、个人的兴趣爱好出发来设计你们的未来目标。他们以为目标高一点，动力就会大一点，你们会努力一点，将来成绩也就会好一点，但不知压力过大就会变成阻力。父母方面的积极性只是你们的外动力，在内动力没有跟上的情况下，只能成为一种压力。所以，内外动力的协调，最好由你们自己来完成。当你们觉得父母的期望过高时，应该主动与父母聊天，把自己的真实感受告诉父母，把对实现目标的困惑转达给父母，把达到目标的主客观阻力加以分析，让父母了解你的真实想法和实际能力，客观地评价期望目标的合理性和实施的可能性。通过与父母的沟通，调整自己的目标，变压力为动力。

3. 学会调整期望，挖潜力为实力。只有合理、合适的目标才会激发人去努力，"跳一跳摘果子"的道理大家都明白，如果不管怎么跳都摘不到果子，那么，不论果子多大，也无法引起兴趣。因此，可望而不可及的期望，只会使人产生自卑和抑郁，最终选择放弃。举例来说，如果你们面临中考或高考，那么此时应该与父母坐下来，认真分析自己现有的实力，了解期望考入学校的实际要求，如去年的招生名额、入学的分数、对专业的限制条件等等。根据自己现有的成绩基础，权衡录取的可能性；同时也需要考虑一些可能的变化因素，如学校今年是否有扩招计划，个人方面是否有可挖掘的潜力，外加一定的保险系数，即考虑不可预料的因素，如考试中的身体状况、考场发挥等。最后决定考入该校是否可以成为自己的奋斗目标，把努力的限度保持在一个自信而不自满的程度。

4. 学会制订切实可行的计划，使实现期望目标有保障。在明确了合理的期望之后，需要制订一个切实可行的计划来保证目标的实施。计划应该有三个月的、一个月的、一周的、一天的，也就是要非常清楚自己此时此刻该做什么、怎么做。一天可以完成一个"点"的问题，一周可以改变一条"线"的问题，一月可以解决一个"面"的问题，通过点、线、面的结合，就能使目标的实现有良好的保障。制订计划，要尽可能具体，可操作，可反馈，可修改。既要有奖励方式，也要有惩罚措施。另外还需要明确求助方式以及支持系统，即当遇到困难时，可以请求谁的帮助和支持，是老师还是朋友，是父母还是亲戚。如果你的困难是无人可帮、无法逾越的，那么这个目标一定是一个"空中楼阁"，到头来只能"劳民伤财"，一无所获。随着计划的实施，还需要作两方面的调整，一方面可以调整计划本身，改进不合理的内容，或把目标放低；另一方面针对自己的行为，如学习态度、学习方法、学习情绪等作调整，使目标与行为始终保持匹配状态。所谓匹配状态，就是内心有去完成目标的激情，平时有完成目标的行动，事实上有接近目标的变化。

6. 拥有一颗宽恕的心

宽恕一词，散发着美妙的灵气，是人间最高贵的情操，它意味着不追究、释放和绝对的爱。正如爱因斯坦所说："宽容意味着尊重别人的无论哪种可能的信念。"宽恕、原谅，那是一种复杂的心理成长，它涉及我们内心深处的怜悯、博爱及智慧。没有宽恕，就没有恒久的爱。青少年拥有一个宽恕的心非常地可贵。如果我们学会谦让，学会宽恕别人，就会避免很多不必要的烦恼，就会每天有一份好心情。相反，不理解宽容的价值，心胸狭窄，睚眦必报，言语刻薄，生性嫉妒，得理不饶人，得势不容人，就会摸黑夜行，处处碰壁，时时摔跤，陷入无穷的烦恼。

宽恕助你走向成功

宽容是一种美德。留心一下，不难发现在人际交往中，凡能做到宽以待人者，一般都受到众人的欢迎。像周恩来这样的好总理，待人宽容，平易近人，当然受到全国人民的爱戴和尊敬。人与人交往，难免会有些小摩擦。只要是无恶意的，就应该设身处地为他人着想，像周恩来那样主动承担责任，严以律己，宽以待人。由于各种主客观原因所致，每个人都会有这样那样的过错，如果在日常相处中，对别人的过错能以宽容对待，就等于给对方提供改过的机会。

纵观历史与今天，如果没有"海纳百川"的宽宏气度，不具备宽容的美德，开创一方事业只能是一句空话。

在中国历史上，李世民在一定意义上就是依靠这一点得到众臣鼎力相助的，从而开创了唐代盛世。在唐朝王室争权中，魏征曾鼓励太子李建成杀掉李世民，李世民发动玄武门政变夺取帝位后，不计旧恶，量才重用，使魏征觉得"喜逢知己之主，竭其力用"，为唐朝盛世的开创立下了汗马功劳。再说秦王嬴政，若不是听取了李斯"海河不择细流，故能成其深"的喻谏，收回逐客令，实行不计前怨、广纳贤才的政策，恐怕就会失去李斯等一大批客臣的支持，难以顺利完成统一天下的大业。

总之，宽容是一种美德，只要我们本着"和为贵"的原则，决不斤斤计较别人的过失，又多为别人考虑，就能确立起友善的人际关系，营造良好的社会风气。

有的人就不具备宽容的美德，他们心胸狭隘，凡事斤斤计较，不肯吃亏。如慈禧太后，仅因为与一大臣下棋时，对方无意中说了一句："我杀老佛爷的马。"就勃然大怒而起，"你杀我的马，我杀你全家"，于是这位大臣被满门抄斩，惨不忍睹。像这样的狭隘心胸，这样的暴行，又怎会不遭人唾弃呢？当今社会上有些人，也是这样，你不小心碰了他一下，他就会破口大骂，甚至大打出手，还有的人对别人的过失总是耿耿于怀，时时想着揪别人的小辫。这样的人，典型的"小肚鸡肠"，心胸狭隘，待人刻薄。根本没有一点宽容之心，这种人还能谈什么成大器，立大业呢？

宽恕他人，让生命没有遗憾

上苍给了我们同样的生命，到人生的尽头的时间又收回去了。当走到人生的尽头时，能够留下的会是什么呢？我们留给别人的又会是什么呢？学会宽容别人，也是善待自己的一种方式，生活，是在宽容中越走越宽广的。何必为曾经的伤害耿耿于怀呢？时间终究会冲淡一切苦痛，但我们为什么要等时间来冲淡呢？学会及早地忘却，及早地原谅，及早地享受生活，生命里美丽的日子不是会多些吗？岁月的美，就在于它流逝后再也不会回来。能在有限的日子里多些美好时光，就是在延长自己的生命！

学会宽容别人，在我们老的那一天，就会发现生命的每个端点都不再有因狭隘而造成的遗憾，也会给他人的生命中增加快乐和亮点。毕竟，只有美，才是永恒的。人生会因为你忘掉不愉快的记忆而春光灿烂。宽容使差异成为可能，而差异使宽容成为必要，如果社会、政治和文化的多元差异是我们时代的一个基本事实，那么宽容就具有了其正当性和必要性，宽容维持了生活在不同社群中的我们的共同生活。差异是一个既成的事实，而宽容作为理念是一种价值，在事实与价值之间，"必要性"就成为一个连接的中介。在茫茫人海中，对于别人的"出格"思想和做法时，它并不侵犯公众利益时，用微笑和谅解来对待，这是宽容；因为自己的"率性而为"，被某些人或者在某个阶段不被理解或不被信任，但不要苛求任何人，以律人之心律己，以恕己之心恕人，这也是宽容。

我们对许多新生事物如：人体艺术、未婚同居等现象都应该施以宽容的态度，实际上描绘出了一幅对待异己文化态度的"连续谱"，从最为消极的不得已的"听任接受"，到简单被动的"漠视"，到出于道德自律而"原则承认"异己的权利，到较为积极地对他者的开放、好奇甚至尊敬，以至于到最后积极的对差异的肯定和赞赏。因为越来越多的人已经意识到：现代社会的发展离不开宽松的社会环境。只有宽松的社会环境、宽容的人际关系，才能使每个人的个性得到充分发挥，才能得到充分施展，社会才会更快地进步。

7. 宽容地面对生活

放宽心胸，善待自己。

世界上最宽阔的是海洋，比海洋更宽阔的是天空，比天空更宽阔的是人的胸怀。青少年作为现实生活中的一分子，时时地与周围的人发生这样或那样的联系，处的不好的话，不仅会影响到我们的心情，甚至会

影响到生活与工作。所以，把心胸放宽，以开阔的心胸、乐观的精神态度来接受它。生活中，拍打波浪，冲动、无奈、受伤、沉默，每一种方式，都不如放宽心胸，一切尽美的事物，必然在等待着你和我！

《荀子·非相》中说：君子贤而能容罢，知而能容愚，博而能容浅，粹而能容杂。这是在告诉人们：君子贤能而能容纳无能的人，聪明而能容纳愚昧的人，知识渊博而能容纳孤陋寡闻的人，道德纯洁而能容纳品行驳杂的人。宽容往往是成大事者的必备品质。

对于青少年来说，宽容是一门必须要学习的课程。青少年之间的友谊交往，本是很单纯、美丽的，它凝聚着我们的思想、情感。但在其中难免会出现冲突、摩擦，往往就是一些鸡毛蒜皮的事，断送了一段美好的回忆、一次纯洁的友谊。其实，这些不愉快的结果，只是青少年不懂得宽容别人、谅解别人。待人处事，如果没有宽容，就没有友情，没有了宽容就失去了善。宽容是一种美德，一种修养，也是衡量一个人层次高低的标准。能够给别人一个改过自新的机会，同时也让自己少了一些烦恼。学会了宽容，人世间便会多了几分温暖。

宽容是人格的升华

第二次世界大战期间，有一支军队在森林和敌人相遇了，于是一场激烈的战争爆发了。激战过后，有两名士兵和部队失去了联络，巧的是两个人来自同一个小镇，这让他们彼此靠得更紧了。他们在森林中艰难跋涉，互相鼓励、互相支持，就这样挺过了十几天，可依然联系不上部队。也许是因为战争，连动物们都不见踪影，他们随身带的食物已经吃完了，如果再没有猎物的话，他们很可能会被饿死。

也许是上天有好生之德，有一天，两人遇见了一只鹿，他们把鹿杀死后，靠着鹿肉又艰难地熬过了几天。比较年轻一点的战士把仅剩下的一点鹿肉背在了身上。不巧的是，他们又一次与敌军相遇，经过再一次交战，他们又幸运地避开了死神。就在自以为已经安全时，只听到一声枪响，走在前面的年轻的战士突然中了一枪，不过幸亏这一枪只是打在了肩膀上。后面的战士惊惶地跑了上来，他害怕得全身颤抖，说话也语无伦次，抱着战友的身体泪流不止，并赶快撕下衬衣为战友包扎伤口。

到了晚上，受伤的士兵一直很虚弱无力，他们都以为他们的生命要在这里结束了，这一关是闯不过去了，尽管饥饿难当，可是谁也没有动身边的鹿肉，连他们自己都不知道是如何度过了那个艰难的夜晚。第二天，奇迹出现了，他们和部队取得了联系，得救了。

30 年之后，当初受伤的战士回忆说："其实我知道，就是我的战友向我开的枪，因为他在抱住我的时候，我感觉到他的枪管在发热，我到现在也不明白,他为什么会向我开枪,也许是想独吞鹿肉吧。但是当我看到他惊慌失措又悔恨无比地为我包扎伤口的时候,我就宽恕了他。此后的三十年里,我也一直假装不知道此事,也再没有提起这件事。战争的残酷让他的母亲没有等到他回来便辞世了,在我和他一起祭奠老人家的那一天,他向我跪下,求我原谅他,我没有让他继续说下去。我们

167

又做了几十年的朋友。我用宽容换来了一段珍贵的友谊。"

多么伟大的宽容！简直可以说是荡气回肠，这位战士的宽容不禁让我们对他肃然起敬，此时他的人格魅力闪耀着无限的光芒。宽容真的是一种崇高的精神境界，一种充满智慧的处世之道。而现在的社会里，青少年似乎根本不懂得宽容的涵义，只知道得理不饶人。和平的年代里也许不需要他们做出如此惊天动地的宽容，但对身边的人宽容却是义不容辞。

宽容别人，就是善待自己

每个人都会有和别人发生磨擦的时候，请时刻记住：学会宽容、善待他人。宽容是一种品质，令人钦佩敬仰，它不仅象征成熟，更代表了一种境界。年青的朋友们更应该具备这种品质，让自己稚嫩的心变得更加成熟稳重。

在日常生活中，青少年往往对于家人所犯的错误更容易大动肝火，或者说更容易因为看不惯家人的某些做法而发脾气，这种行为真是让人痛心疾首。为什么就不能对家人宽容一些呢？俗话说：家和万事兴。而宽容就是"家和"的根基。是父母把你们带到了这个世界上，给了你们温暖的家庭，是兄弟姐妹伴着你们度过了青春年少，一起编织了梦幻般的童年，无论你面临怎样的困难，遇到怎样的挫折，始终都是家人在为你鼓气，你发脾气的时候有没有想到过这些呢？

所以，对家人宽容一些吧，宽容能让家庭成员相互信任和团结、相互理解和包容，从而让家庭更和睦、和谐。宽容父母的一点点唠叨，宽容他们稍显落后的生活习惯，让他们有一个幸福安乐的晚年生活，宽容和你情同手足的兄弟姐妹，这份血浓于水的亲情将更加弥足珍贵。对家人多一些宽容，那你便拥有了一个能遮风避雨的港湾，风雨来临之时，你就可以放心地躲在里面，一切烦恼将留在港湾之外。

除了对家人宽容，还要对朋友宽容。正处于意气风发的青少年朋友，总是很容易偏激、暴怒、盲目行动、甚至"疾恶如仇"，不懂得珍惜和朋友之间珍贵的友谊，屡次因为冲动而和朋友闹得不可开交，这些都是幼稚的表现。人生在世，能有一个志同道合的朋友相伴一生，这是多么得难能可贵！所以有句话说"财富不是一生的朋友，但朋友却是一生的财富"。虽然朋友之间可能会发生争执，但都是建立在彼此真诚的基础上，有时候争吵还能让你们共同进步，所以对朋友要采取宽容政策，因为一点小事就牺牲友谊不是太不值得了吗？

对朋友多一些宽容，友谊之树才不会在时间老人的脚步里褪色，心灵之花也不会在季节的变幻里荒芜。朋友的指责、朋友的规劝以及朋友的犀利言词只不过因为他想要帮助你改掉身上的缺点，这有错吗？即使朋友真的做错了什么，但只要心是真诚的，就应该宽容他。给朋友多一次宽容，就是给自己多一次机会。通过这一纽带，才会让你们更加同心协力地携手并进，不管以后的路是艰难还是困苦，总有一个人在身边陪伴，搀扶着你，这难道不是一种幸福吗？

对于还在学校读书的青少年来说，平时接触最多的人莫过于同学了。学校就像是一个大舞台，每一个同学就像是舞台上的演员，能不能把这台戏演好，就要看同学们之间是不是可以融洽的配合。如果你因为私下的恩怨而显得特立独行，那么就注定了这场戏的失败。对于同学，同样需要宽容。来自四面八方的人能在一块学习，这也是一种缘分，在朝夕相处中会有小小的摩擦在所难免，如果不能宽容视之，必定就会影响同学之间的和谐关系。

能够对同学宽容实际上也是为自己铺平一条道路，也许同学一句不经意的话触痛了你的心，但是你要相信他绝对不是故意的，能够宽容他也会让他对你心存感激，多了一个关系要好的同学，自己的路当然就更好走一些。所以，在和同学相处的过程中，一定要学会互相谦让和包容，互相理解和支持，这样才能形成一个和谐的集体环境，同时也营造一个良好的学习环境。宽容能够带来这么多的好处，难道你还有理由拒绝吗？

法国作家雨果曾经说过：世界上最广阔的是海洋，比海洋更广阔的是天空，比天空更广阔的是人的胸怀。人的心就像一个有无限空间的盒子，只要你愿意，没有什么装不下。人生苦短，又何必把时间浪费在无谓的纷争上呢？与其让别人痛苦让自己烦恼，为什么不让自己活得更潇洒一些呢？多一些宽容，便少一些烦恼。

8. 学会关心身边的人

"小心眼"是任何人都不喜欢的。你们在青春时期，不免有时会产生一点小小的情绪，而导致自己的心眼狭小，想不开有些事情，对事情的掌握程度还没有成人理智。因此，往往也会因为小心眼而处理不好自己的人际关系。

因此，你要学会经常抱着一颗感恩的心去关心身边的人们，这样就有利于改善自己的人际关系了，并且还很有利于身心的健康成长。

"小心眼"的人，做什么事情都自私自利，斤斤计较；先考虑的是自己的利益，然后才考虑集体和他人的利益；只有占人便宜，而绝对不会让人便宜；只想别人围着他转，而不肯帮助一下别人；只听得进恭维的话，批评的话一句也听不进。

从心理角度来说，"小心眼"会破坏人的心理平衡，妨碍人际间的正常交往，甚至会影响一个人的身心健康。有"小心眼"的人往往心过于狭隘，把个人利益看得过重，一旦个人权益受到侵犯，便郁郁不乐，甚至进行打击报复。而且，有"小心眼"的人又极易受外界的暗示，经常疑神疑鬼，内心经常处于矛盾之中，这样，久而久之，就会引发心理障碍了。

不良心理导致青少年的小心眼

具有"小心眼"的人意志也很薄弱，办事刻板。谨小慎微，有时还会发展到自我封闭的程度。由于"小心眼"的人所做的种种行为，不得不让朋友"敬而远之"，可以说"小心眼"的人是很孤独的。

小慧出生在一个贫困家庭，从小父母就教她勤俭节约，但父母并没有告诉小慧"勤俭节约"的真正含义。于是，在学校里小慧成了"小气"一员中的一人。平常，小慧问其他学生借文具时，其他同学都会借给他，而当别人向小慧借文具时，即使是一块橡皮，只用一次，小慧有时都磨磨蹭蹭地才借给同学。小慧自从上了初中以后，住的是宿舍。在宿舍里，同学关系都特别好，经常买一些小零食之类的食品，每次都叫上其他同学一起吃，当然其中也包括小慧，而小慧家里穷，但又特别喜欢吃零食，有时买了零食总是偷偷地藏起来，等宿舍没人了再吃。有一次，她的这种行为被同宿舍的另一位同学发现了，告诉了全宿舍的人。从此，宿舍中人再买零食时，从不叫上小慧。

从这个事例中，小惠就是因为青春时期，不良心理的产生而导致自己的小心眼，最后让自己在宿舍中的关系维持得不够融洽。这是一种错误的心理特征。小惠应该学会在平时的日常生活中，学会从小事做起，和宿舍同学一起分享下大家的快乐，那样就不会出现类似的事情了。

产生小心眼的原因往往与很多的因素有关：

（1）受父母的影响。在现实生活中，有许多父母当邻居问自己借东西时，总是用各种理由推三阻四，不愿借给别人；还有的父母总是嘴上很阔气，当别人真正用到他时，用尽各种理由回避别人。而这种行径都会被你们模仿下来，并且根深蒂固地种植在心里。

（2）贫穷延伸的小气。由于贫穷家庭的你从小就养成了节俭的习惯，而又没有正确认识到节俭的真正含义。当别人向自己借东西时，总怕别人不还给自己，或者把自己的东西用完了，弄坏了，而在借给别人东西时，显得小心翼翼。

懂得关心身边的人，杜绝小心眼

青少年要在与人相处时，学会多和别人进行沟通，多在身边的事情上关心别人，那样就有利于自己的人际关系的形成。

（1）与人交往中要先人后己。遇到事情时，要先想到别人，再考虑自己。人生活在世上，总要与别人发生交往。但须知道，人际之间的交往是有互酬性的，如果你想别人尊敬你，你要先尊敬别人，你付出多少，也会得到多少。但如果在交往中你是一个"小心眼"，事事斤斤计较，为了自己的私利生怕自己吃亏，或者说有点不正常的想法（从交往中捞点好处），这样的话，不管是谁都会离你越来越远，不屑与你交往。因此，有"小心眼"毛病的人，心里要先想想别人，看看别人需要自己帮助些什么，自己能为集体做点什么，而不要总想着自己能从别人身上、从集体当中首先捞到些什么。坚持这样做，"小心眼"自然变作"大心眼"了，这样也可以对你有大的帮助。

（2）做一个肯理解和容纳他人优点和缺点的人。有"小心眼"的你由于心目中的"自我"过于膨胀，往往会神经过敏，总认为别人的一言一行都与自己有关，都是针对自己的，于是常常处于"庸人自扰"的矛盾当中，弄到人际关系十分紧张，甚至会发展到与邻为敌的地步。其实，对别人的一些议论和看法，不必过于看重，即使确实是针对你而来的，也不妨听之任之，只要自己不做亏心事就行了。因此，在与同学的交往中，你不计较别人，别人也就不计较你了，这就是缩小自我。朋友或同学之间相处，都会有不尽人意的地方，惟一做到的就是宽容。不以苛求的标准要求别人，尊重他人，其实是很容易做到的。更重要的是朋友们之间的友谊，能催人上进的力量就是宽容，而不是批评、指责和说教。

（3）重新认识自我。当你在别人心目中造成了"小心眼"的不良

172

印象，那就要刻意地、认真地改正了。能否改正的关键是集中到去掉一个私字上，正像一位伟人所说的："克制利己主义，把自私的我踩在脚下。"比如在平时，可以主动与人交往，主动解人之忧，修复好因原来"小心眼"而造成的人际关系上的裂痕，借此，来修复自己在人心目中的形象。

青少年，你要在与人相处时，要学会将心比心，设身处地地为他人着想，不要把自己的需要放在第一位，要多想想对方的需要，在心理上觉得现在正是别人需要自己的时候，站在对方的立场上去关心别人，那样，就会加深彼此间的友谊的。心眼自然就宽大了。在人际关系上也会维持得很好的。

9. 得饶人处且饶人

古人云：冤冤相报何时了，得饶人处且饶人。这是一种宽容，一种博大的胸怀，一种不拘小节的潇洒，一种伟大的仁慈。自古至今，宽容被圣贤乃至平民百姓尊奉为做人的准则和信念，而已成为中华民族传统美德的一部分，并且视为育人律己的一条光辉典则。

得饶人处且饶人，为自己留下更广阔的空间

为人处世，应以忍让为先，懂得忍让，实际上就是为自己留下了更广阔的空间。

有一日，楚庄王兴致大发，要大宴群臣。自中午一直喝到日落西山。楚庄王又命点上蜡烛继续喝。群臣们越喝兴致越浓。忽然间，起了一阵大风，将屋内蜡烛全部吹灭。此时，一位喝得半醉的武将乘灯灭之际，搂抱了楚庄王的妃子。妃子慌忙反抗之际，折断了那位武将的帽缨，然后大声喊到："大王，有人借灭灯之机，调戏侮辱我，我已将那人的帽缨折断，快快将蜡烛点上，看谁的帽缨折断了，便知是谁。"

正当众人忙与准备点灯时,楚庄王高声喊到:"不准点灯。我今天与群臣同饮,有人喝醉了,酒后失礼,这是有情可原的事情。我不能为了显示妃子的忠贞,而伤害我的大臣。"说到这里,楚庄王想了想,在黑暗中继续说到:"今日欢聚,不折断帽缨就不算尽兴。现在大家都把帽缨折断,谁不折断就是对我的不忠,然后我们大家痛饮一番。"

等大家都把帽缨折断以后,才重新将蜡烛点上,大家尽兴痛饮,愉快而散。此后,那位失礼的武将对楚庄王感恩不尽,暗下决心,自己的人头就是楚庄王的,为楚庄王而活着,对楚庄王忠心耿耿,万死不辞。

有一次晋楚交战中,庄王派兵帮助楚国。庄王也亲自临场指挥战斗。不料晋兵把周围围了个严严实实。眼看庄王性命不保,一个大将突然带兵杀进重围。救了庄王并杀出重围。过后,庄王问:"你是哪个部队的大将?"那人答:"大王,我就是上次调戏美人的人。多谢您没有查办。我愿誓死效力,为国捐躯!后来,庄王占据了半壁江山。那位大将也年过七十而终。

这是一个真实的故事,记载于《喻世名言》。若没有当初他宽容大量的举动,庄王也会命丧战场。由此我们可以看出:不要一点点的事都追究,有些不至于原则性的事就不要太讲究了。这样宽容别人,别人也会感谢你的。对你有什么大的损失呢?这样的好事,何乐而不为呢!

用谅解、宽恕的目光和心理看人、待人,人就会明显感到大千世界里,春意盎然,到处充满温暖。谅解是人类的美德,是一种高尚的品质。有人这样形容:谅解是一缕和煦的阳光,能消融凝结在人们心头的坚冰;谅解是一股轻柔的春风,能把炎热带出干渴的心灵;谅解是一颗种子,能让每一片心的土地四季常绿。可见用一颗包容的心去谅解别人,对我们做人来说是多么的重要。

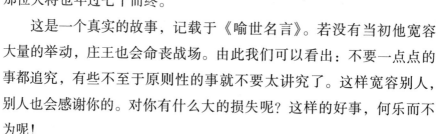

得饶人处且饶人是一种胸怀

在生活中,人都会有难堪的时候,做错事的时候,有求于人的时候,如果这时你处在有理的一方、得势的一方、管束人和裁决者一方,你会怎样做呢?尤其是他们的那些错误或什么事情牵涉到你的利益时,或他们与你有着深仇大恨时,你会怎样做呢?你很认真,很讲原则?你有些得意,刻薄刁难,猫玩老鼠?还是给人家一个台阶,放人家过关,不苛难对方,就是仇人也放他一马呢?不同的人可能有不同的做法。

将心比心,宽容他人,不难为他人是一种美德。这种美德能够感化人,提升人们之间的互助亲善关系,让社会形成一种宽厚、达观的向善风气,小人就可能不会产生,阴暗的东西会少一些,自己有了不幸的时候,也更容易得到他人的帮助。在关键的时候,特殊的时候帮助了他人,人会终生记住你。反过来看,苛责人,难为人,不饶人,不仅没有上述好处,还会有一些负面因素。

一汽车途经一个小村庄时,一个中年农妇突然小跑着横穿马路,大卡车来了个急刹车,差点撞着农妇的屁股。农妇火冒三丈,冲到驾驶室前对司机没完地臭骂。

司机不还嘴,点燃一支烟,慢慢地吸着,听农妇一直骂,等农妇骂累了,司机才慢慢地说:"如果我刚才刹车晚了,轧死你,这会儿你还能骂吗?"农妇一时语噎,无话可说了。

人不讲理,是一个缺点;人硬讲理,是一个盲点。很多时候,理直气"和"远比理直气"壮"更能说服、改变他人。郑板桥说得好:"退一步天地宽,让一招前途广。"在日常生活当中,一定切记:得饶人处且饶人,留一点余地给得罪你的人,给对方一个台阶下。否则,不但消灭不了眼前的这个"敌人",还会让更多的朋友疏远自己。

宽容忍让是一种修养、一种博大的胸怀、一种超然洒脱的态度,也是一种优秀的品德、一种人类个性最高的境界之一。

　　宽容能带给你内心的平静、快乐的心情和安全感，因为宽容别人可以化解心中的伤害和痛苦。但如果你无法承受这种伤害和痛苦，总是怀着一颗不能谅解、不能宽容的心，那么你就是脆弱的，就没办法做到坚强。宽容是一份礼物，而且是互惠的，它可以让付出的人感到痛苦的缓解，可以让得到的人感到被接纳的喜悦。

　　宽容对方就是接纳对方，就是把自己解脱出来。在不少人眼里，宽容犯错的人就是怯懦的表现，就是向别人认输。抱着这样的想法，很多人宁愿任凭矛盾继续，让自己活在对过去事情的阴影中，如果对方不退一步，自己宁愿继续维持痛苦的现状也不肯改变。

　　我们自己也应该意识到：别人的退让，不等于害怕、懦弱，即使错在对方，亦不可得理不饶人，一再逼迫。物极必反，结果只会让自己灰头土脸，何必两损？凡事注意适度而止。

　　谁都有出差错的时候，得饶人处且饶人，即是给别人留余地，也是给自己留余地。宽以待人，有时退即是进。

10. 原谅别人，善待自己

　　相信大部分青少年在生活中都会遇到一些令自己伤心，痛苦甚至愤怒的事情，这些伤害或来自于朋友，或来自于家人，又或来自于同事。许多人经历这些事情时都会有或多或少的委屈和不甘，甚至陷入深深的怨恨中不能自拔。那是一种有苦说不出来的痛，是一种久久无法释怀的苦，是一种无以言表的悲哀，是一种欲说还休的无奈。

　　人非圣贤，孰能无过？人总是会犯错的，相信犯错的人心里也有很多的自责和懊恼，倘若我们能够原谅他们，既减轻了别人的负担，也化解了自己的心理压力，能利人利己，岂不是两全其美吗？而且当有一天我们也犯了错误的时候，同样也能得到别人的原谅。如果我们固执地走不出怨恨的心理，那无异于作茧自缚，永远都看不到明媚的阳光，找不到快乐的天地。所以说，惟一能够解决问题的办法就是原谅别人。

有人说过，一个人活得快乐，不是因为他拥有的多，而是因为他计较的少。但是，很多事情都是说起来容易做起来难，原谅，就是一件很难的事情。有时虽然嘴里说着原谅，可内心未必真正地原谅了。因为原谅不是一件东西，只要你想要就能拿过来，真正的原谅是需要学习的。

有一种勇敢，叫做原谅

很多人都以为只要自己有坚定的信心，这个世界上就没有翻不过的山，就没有蹚不过的河，其实他们都忽视一个最重要的东西，那就是自己的内心。我们不肯原谅别人所犯的错误，说到底其实还是不能说服自己，还是因为自己放不下。也许朋友一句无心的话深深地伤害了你，也许父母出于爱的责骂深深刺痛了你，如果你不能够原谅他们，那么这必将会成为你心中永远的阴影。所以说，学会原谅别人，对自己来说也是一种解脱。

真正的原谅需要博大的胸襟，从心里去让别人感受那份宽恕，伟大的发明家爱迪生就有着一个宽大的胸怀。

在发明电灯泡的过程中，爱迪生实验了无数次，也失败了无数次，甚至受伤了无数次，其中的艰难困苦、酸甜苦辣只有他自己才知道，但是他从来都没有放弃过。有一次，他和他的助手又一头扎进实验室里埋头苦干了一天一夜，令他无比兴奋地是，他们成功了，世界上第一个电灯泡产生了。这个异常珍贵的成果让他们欣喜若狂，爱迪生叫来一个年轻的学徒，让他把这个电灯泡拿到楼上好好地保存起来。谁知，这个学徒因为知道这个电灯泡来之不易，因此心里异常紧张，结果在上楼的时候不住的哆嗦，一下子摔倒了，电灯泡也摔得粉碎。爱迪生感到非常惋惜，但他并没有责备这个学徒。几天后，经过他和助

177

手的努力，又一个电灯泡制作成功了。这次爱迪生想也没想，仍然叫来那个学徒，让他送到楼上。这一次，这个学徒安全地把电灯泡拿到了楼上，事后，他的助手埋怨他说："原谅他也就够了，为什么还把电灯泡交给他呢？万一又出现事故怎么办？"爱迪生回答说："真正的原谅不是光靠嘴巴说的，而是要靠做的。孩子，你仔细想一想，真正的原谅到底是什么？"

爱迪生宽大的胸怀让人们不禁对他敬佩有加。是啊，真正的原谅要靠我们的行动来表达。试想，如果他对学徒无心的过失耿耿于怀，那他以后所有的发明成功时，恐怕都要小心翼翼了，甚至有可能不相信任何人，做什么事都得自己亲自出马，这样岂不是会很累吗？所以说，原谅，是一种包容，更是一份爱心，更是一种风度。人和人之间难免有碰撞有摩擦有矛盾，也许对方根本就是无意的，也许对方有难言之隐，不妨试着给别人一次机会，也许自己也会有意想不到的收获。因为原谅远远比报复要好的多！

有一种原谅，让人感动

人生在世，伤害在所难免，这是任谁都无法改变的事实。当然，我们会因为受伤而感到愤怒是无可厚非的，我们无法原谅伤害的始作俑者也是可以理解的，但是不原谅也是一把双刃剑，可以伤人也会伤己。如果一直都不能原谅一个人或一件事，那么自己内心的伤口是永远无法痊愈的。所以，我们不妨抛开心中的怨、恨、不满以及不甘，不要让这些令人窒息的情绪压迫我们的心灵，它们会像乌云一样层层地遮住灿烂的阳光，让我们看不到美好。

在佛学中，原谅别人更是一些得道高人毕生的追求。《金刚经》中曾记载着这样一个故事：有一日，忍辱仙人在林间打坐，恰巧碰到以残暴闻名的歌利王率领许多宫女在游山玩水，趁着国王休息之时，美丽的宫女们结伴游林，无意间来到了仙人的面前。以法为重的忍辱仙人，便趁机为这群宫女施展断除贪欲之法。正在进行法筵之时，歌利王突然持剑而来，不分青红皂白便怒气冲冲地斥责仙人："你好大的胆子！竟然以幻术诱惑我的宫女！该当何罪？"忍辱仙人不但没有生气，反而平心静气地接受暴君的无理取闹，甚至当歌利王用剑刺伤他时，他心中还存着慈悲之心，并且主动发愿："但愿我来世得道时，能先度大王。"由于仙人心存宽容，他最后恢复了完好的身形。忍辱仙人用慈悲之心原谅了误会他的歌利王，将彼此的恶缘化为菩提善缘。

忍辱仙人的大度令他在人们心目中的形象顿时高大了起来，虽然只是一个寓言故事，可现实生活中不是也常有这样的事情发生吗？如果你不能原谅，那一定会活得很痛苦，痛到难以忍受，甚至生活在"水深火热"之中，受尽内心的折磨。有人说，原谅是一种生存的智慧、生活的艺术，是看透了社会人生以后所获得的那份从容、自信和超然。原谅别人并不代表着丢弃原则，原谅了别人实际上也是原谅了自己，原谅了自己的心灵，更原谅了自己的精神。

原谅别人，就是善待自己，走出困苦不堪的心灵，你会发现沿途有怡人风光，处处有鸟语花香，另一个迥然不同的世界在等着你精彩的"演出"！让我们都学会原谅吧，因为我们彼此都需要原谅。原谅，是最高贵的美德！

每个人一生下来就会哭会笑，会生气会发怒，可是没有人生下来就会原谅。那些脾气好的人，也许是不容易生气的，也许是不愿意大动干戈，但未必懂得原谅；那些脾气暴躁的人，气来的快走的也快，但只能说他们比较容易遗忘，而绝非懂得了原谅。原谅是一门学问，值得所有的青少年去学习。

生命，其实很短暂，只有匆匆数十年；生命，其实很脆弱，很多人和事我们都无法把握。过去了的光阴似箭，未来的岁月不可预知。这个世界还有太多的事情等着我们去做，与其把时间浪费在记恨和算计上，让别人痛苦自己也不好受，不如把时间用来好好的享受生命，享受快乐，享受爱……放下吧，抛开吧，原谅那些曾经令你生气愤怒的人，让所有的伤害都随风而去吧。

11. 拥有一颗博大的爱心

爱心是一片冬日的阳光，使饥寒交迫的人感到人间的温暖；爱心是沙漠中的一泓清泉，使身处绝境的人重新看到生活的希望；爱心是一首飘荡在夜空里的歌谣，使孤苦无依的人得到心灵的慰藉；爱心是一片洒落在久旱的土地上的甘霖，使心灵枯萎的人感到情感的滋润。爱心是人类情感中最重要的一部分，这种情感能融化心灵的冰川。如果缺少了爱心，这个世界将会黯然失色。

宽容是心底的爱

屠格涅夫曾说："生活过，而不会宽容别人的人，是不配受到别人的宽容的。"宽容是一种博大的胸怀。要知"得饶人处且饶人，风物常易放眼量。"至于"相逢一笑泯恩仇"，一直以来都是大部分人追寻的理想境界。宽容如一片浩瀚的海洋，似一笔无形的财富，能让人心灵上获得宁静和坦荡，在精神上获得自由和解脱。

一位老师在课堂上发现一个学生没有认真听讲，于是就走到那个学生的身边。仔细一看，原来那个学生正在画画，而且纸上那个龇牙咧嘴的人正是自己……学生很紧张，想掩饰自己犯下的过错。但是这位老师并没有生气，也没对他发火，只是笑着对他说："画得还不错，不过我建议你课后再画画，力求做到更为神似。"那个学生听了之后非常感动，从此上课再也没有因为画画违纪，而且最终成了一位有名的漫画家。当然，因为心中有大爱，举止才会更宽容，眼睛里揉得下沙子。因为能容人之短，忍人之过，这名教师才能使一个看似调皮无望的学生走向自己精彩的人生。

宽容是一种信任，宽容是一种鼓励，宽容是一种仁爱，宽容是一阵温暖的春风，能驱散心头的坚冰；宽容如一场温馨的春雨，能洗涤人们心头的尘埃。生活中因为有了宽容而多了一丝轻松的微笑，多了一份美好的和谐，多了一次机遇和收获，多了一些希望和期待。

求学路上与同学和朋友发生矛盾是很平常的事，相处的时间久了，对方身上的缺点常常会让你感到厌恶，这种厌恶常常会让你对朋友所做的任何事情都看不顺眼。但只要心底有爱，懂得宽容，无论对方身上有多少缺点，宽容都会将那些缺点抹平。作为一名青少年要懂得同学，朋友之间的相处之道，这样我们才可以在和谐融洽的环境中努力学习。

学会宽容，理解宽容

战国时期赵国人蔺相如的故事想必大家都耳熟能详，蔺相如由于护驾有功，所以官位一路上升，这引起了大将廉颇的忌妒与不满，便处处与蔺相如作对。但是蔺相如面对廉颇的无理取闹，只是笑而避之，从而才有了"负荆请罪"这个故事。廉颇对于蔺相如的宽宏大量深感惭愧，从此两人便联手共同为赵国的强大效力。所以说，宽容是一种博大，对别人宽容更是对自己的提升。

反观历史上那些嫉贤妒能的人，遇到一点不满便怨天尤人，这些人纵然学问再高，也难成大器。周瑜是个卓越的军事家，才能出众，足智多谋，把庞大的东吴水师管理得井井有条。但是，当他得知了诸葛亮的才智后，虽自知不如，却心有不甘，于是整天心中盘算着如何打赢诸葛亮，无法战胜诸葛亮，他便发出"既生瑜，何生亮"的凄叹，最终落了个吐血身亡的悲惨下场，这又何苦呢！假如周瑜能像蔺相如那样宽容大度，他必定能大有成就！

宽容是一杯融冰的水，一缕化冰的风，它能化解心头所有的愁恨。宽容是一缕明媚的阳光，一掬甘甜的清泉，一丝清新的空气，它能抚慰受伤的心灵。宽容是一种美德，它能折射一个人高尚的情操，宽容也是一种无私，在给予中获得幸福。宽容能使人性情温和，使心灵有缓冲的余地，能化干戈为玉帛，能简化复杂的人际关系。宽容不是懦弱，而是理解人，是有爱心的表现。有豁达胸襟的人，不把宽容看作是忍辱负重，而看作是美德和幸福。爱，对众人的爱，对民族的爱，对国家的爱，是人类最高尚的情操，是一个人修养的最高境界。古人有云："仁者无敌""仁义抵千金"。

俗话说："退一步海阔天空，进一寸悬崖峭壁，让三分风平浪静，争一时人仰马翻。"让人不是害怕别人，而是一种风度和境界。过于精明强悍，事事争强好胜，处处计较得失，必然活得很沉重，不懂超脱。懂得宽容的人会把冰冷的拳头变为温暖的手，明白宽容的人会把抽人的皮鞭变为救人的绳索，宽容是一种生活的智慧。

我们也许无法改变生命的绝对长度，但我们却可以充实生命的绝对宽度；我们无法左右天气，但我们却可以改变自己的心情；我们无法控制顺境与逆境，但我们可以调节自己的情绪；我们无法改变容貌，但我们可以好好地珍惜生命；我们无法事事顺心，但我们至少能做到样样尽力。生活中，我们难免会与别人发生摩擦，当别人不小心踩到自己时，我们可以摆摆手，宽容地说声没关系；当别人弄坏了我们的东西，向我们道歉时，我们也可以宽容地付之一笑。人生如此短暂，我们不必把宝贵的生命浪费在无谓的摩擦之中，有许多更加有意义的事情在等着我们去完成。作为一名青少年，学会如何宽容别人，是我们这个时期最应该学会的东西。

12. 无私地付出所有

帮助别人，快乐自己；赠人玫瑰，手有余香。

付出是一种快乐，我们享受其中。懂得付出的人是最懂爱的人，也是最幸福的人。

每个青少年都需要在被赞美、被关怀和被爱中建立他们的自信心、成就感和满足感，当你为他人送去一份关怀、一份尊重、一份赞美时，必定能收到别人对我们更大的回报，同时我们也收获了心情的平静与愉悦。

社会上的每一个人，都不可能孤立地存在，每个人都要和周围的人有着千丝万缕的联系，那么，这个人所做的事必然会对其他的人有或多或少的影响，其结果又反过来影响到自己。

有人把社会比作一张大网，把人比作这网上的一只小蜘蛛，不管这张网你是否喜欢，你都必须接受它，因为它是我们生存的基础。所以，青少年若想在世界上活得开，就必需广结人缘，给人以方便，做事情的时候不能光考虑自己而忽略了别人，你爱别人，别人才有可能爱你。"赠人玫瑰，手有余香"蕴涵的就是这个道理。

助人即是助己

当我们拿起鲜花赠送给别人时，最先闻到芬芳的是我们自己，当我们抓起泥巴岂图抛向别人时，弄脏的必先是自己的手。所以说，善待别人就是善待自己，就好比为他人身上洒香水，自己也能沾上些许香气。一句温暖的话，一个友好的举动，都能深深地温暖别人的心灵。在关键的时候，你伸出了助人之手，那么，当你自己身处险境时，肯定也不会是孤军奋战。

19世纪90年代初，有一天，一个名叫弗莱明的贫穷的苏格兰农夫正在田地里耕作。忽然，他听到了附近的沼泽地里传来一阵呼救声，他连忙丢下手中的活儿跑过去。到了那儿，看见一个小男孩陷在了黑色的泥潭里，由于太过于惊恐，男孩不断地尖叫和挣扎，结果身体越陷越深。在这个关键时刻，弗莱明伸出了援助之手，沉着勇敢地将这个男孩从死亡的边缘拉了回来。

第二天，一个衣着华贵、气度不凡的贵族人士来到了弗莱明的家里，原来他就是那个小男孩的父亲，他带着重金来酬谢弗莱明对他儿子的救命之恩，但被弗莱明委婉地拒绝了。此时，农夫的儿子从简陋的农舍跑了出来。于是，在贵族的一再坚持下，弗莱明终于同意由贵族资助他的儿子上学，贵族希望农夫的儿子能成为像他的父亲一样勇敢和善良，让所有的人都为之骄傲的人。

农夫的儿子没有让人失望，他进了最好的学校读书，最后毕业于伦敦圣玛丽医学院，后来因为发明青霉素而享誉世界，他就是大名鼎鼎的亚历山大·弗莱明爵士。许多年以后，贵族的儿子在二战期间患上了肺炎，而再一次拯救他的生命的就是青霉素，很多人都会认为这是一个巧合，是上帝的安排，难道这只是一个简单的巧合吗？这个贵族是伦道夫·丘吉尔勋爵，而他的儿子则是人尽皆知的英国前首相——温斯顿·丘吉尔。

"赠人玫瑰，手有余香"，这句话用在这个故事是恐怕是再合适不过的了，农夫的见义勇为让自己的儿子上了最好的学校，贵族的鼎力相助又让自己的儿子再一次躲过死神的光临，看来助人不仅是给别人机会，也是给自己机会。所谓"滴水之恩，当涌泉相报"，"受人一坯土，还人一座山"，虽然善心只在人的一念之间，但善心所结下的善果，却会永久地芬芳馥郁，香泽万里。

爱心，就像是一颗熠熠夺目的钻石，不管在什么时候，都会焕发耀眼的光芒；爱心又像一场恰逢其时的甘霖，滋润着那希冀已久的心田；爱心似一曲能够鼓舞人心的励志歌典，促使在人生道路上徘徊踟蹰的人坦然前进。一个会心的微笑，一个微不足道的赠与，一个小小的拥抱，都能让寒冷的心变得温暖，让黑夜不再漫长！对人多一份理解、宽容、支持和帮助，其实也是善待和帮助自己。这就是：赠人玫瑰，手留余香。

付出才有收获

人生在世，既是短暂的，又是漫长的。要想过得快乐，过得幸福，就必须要有"赠人玫瑰"的爱心，心存善意。爱是一种强大的力量，无论行为多么渺小，当你毫不吝啬地赠与别人后，就一定能吐露芬芳，绽放美丽，自己也会越发地强大起来，因为我们所收到的回报远远大于我们的付出。

在充满战火和硝烟的战争年代里，有一支部队奉上级的命令去攻占敌人的堡垒。枪林弹雨中，一位连长在地上匍匐前进时，惊见一颗手榴弹正好落在一个小战士的身边，而小战士却毫无察觉。在这千钧一发之刻，连长顾不上多想，他不顾一切地冲了过去，一下子伏在小战士的身上，用自己的身体掩护这个年轻的生命。"轰隆"一声巨响过后，他抬起了头，而这一抬头却让他惊出了一身冷汗。因为就在他起身后的那一瞬间，一颗炮弹落在了他刚刚匍匐过的位置上，把那里炸出一个巨大的坑，刚才的那一声巨响，就是那个炮弹响的。而小士兵身边的手榴弹，敌人在扔出来的时候根本没有拧开盖子。

试想，如果连长顾及自己的生命而不去救小战士，那么他的生命早就已经不复存在了。赠人玫瑰，手留余香，这一次，留下的可是最宝贵最有价值的生命啊！在生活中，我们很容易就会有帮助别人的机会，那么，就不要错过更不能吝啬，用你无私的心灵去帮助别人，用你热忱的双手去帮助别人。当你的帮助能换回他们的幸福笑脸时，你会发现你手里的玫瑰是那么清香，更是那么的高贵。"赠"不会让我们损失什么，却会为我们赢得灵魂的安泰和心灵的净化。这样，既为受难的人们抚平伤痕，更为自己的人生画卷涂上了浓墨重彩的一笔，真正描绘了一幅动人的篇章！

孟子说过："君子莫大于乎，与人为善。"在追求成功的过程中，谁都离不开别人的合作，尤其是在现代社会，就更应该想方设法获得周围人的支持与帮助。那些总是主动帮助别人的人就是最容易获得成功的人，因为他们最容易获得别人的回报。相反，如果你对别人的烦恼和不幸冷眼旁观，甚至落井下石，是不可能得到别人的帮助的。

赠人玫瑰，手留余香，只有充满了爱的世界才会洋溢着阳光。如果我们每个青少年都能够随时随地奉献我们的爱心，如果我们都能把自己的快乐毫无保留地传递给其他人，如果我们都能用一颗真挚善良的心为全世界的人类祝福和祈祷。那么，不仅这个世界因为我们的存在而变得更加美好了，我们自己也能拥有一份意想不到的收获和回报，我们的生活也会因此而变得更加精彩、绚丽和灿烂。

13. 当你施予，你就拥有

施予对你获得好运有很大的帮助。当你帮助别人而不图任何回报，得到好运的几率就提高很多。因为当你慷慨赠予，会感到幸福，使自己更乐观向上，更有可能接近好运。其次，你曾经帮助过的人，有一天也可能帮助你。慷慨能感染别人。

施予不是付出，而是拥有

李芳是一名优秀的医护人员。去年夏天女儿考上大学，去了遥远的南方，丈夫也与她签订了离婚协议，离她而去。她一个人孤寂寥落，人如浮萍，心若苦雨。每天工作之余她去唱歌、去跳舞、去美容、去休假、去旅游，但寂寞孤独始终如影随形，不肯离她远去。后来经朋友介绍，她自愿加入了老年人互助中心。工作之余常去照顾关心孤寡老人，为老人们洗衣做饭，解闷聊天，讲解保健知识，老人生病了就主动细致地进行护理，多年的医护工作经验有了更为广阔的用武之地。她热情周到细致的服务，不仅为孤寡老人排除困难，解除病痛，还为自己赢得了自信、欢乐和赞誉。通过帮助他人，为自己打开了一扇全新的窗。

看着她阳光灿烂的脸，她的朋友忍不住问她为什么在自己最困难的时间还想到去帮助别人呢？她告诉朋友，她最痛苦的日子里，在一本书上看到了这样的话："如果你得不到爱和关心，如果你失去了盼望，那么应该向别人施予爱和关心，尝试给别人盼望。虽然你那样贫穷，但当你施予的时候，你会发现你好像拥有了爱和关心，有了新的盼望。"她试着去做并且成功了。

原来施予不是付出，而是拥有！当我们在需要帮助的时候，恰巧就有一个帮助你的人出现，我想任何一个人都会感觉到幸福！在这个世界上，个人的力量总是单薄的，任何一个人都离不开他人的帮助。常言道："一个篱笆三个桩，一个好汉三个帮。"正是由于大家相互帮助，相互关怀，这世界才会这般温暖，这般美好。如果在对方处于危难境地的时候帮助他，就能给对方带来力量和信心，使他们有更大的勇气去战胜困难。别人也定会有"滴水之恩，涌泉相报"的感激。

在美国，一项最新的调查显示，最能给人带来满足感的工作是与照顾和帮助他人有关的工作。80%以上的牧师和消防队员都表示自己的工作相当快乐，因为能时刻向人伸出援手。人们在共同的社会生活中经常会表现出类似这样的行为，比如帮助、分享、合作、安慰、捐赠等，心理学家把这一类行为称为亲社会行为。

施予是一种能力

从行为主义的观点来看，亲社会行为不仅能够使我们获得来自社会的、他人的和自我的奖励，而且能够避免来自社会的、他人的和自我的惩罚。这会促使你形成积极的社会价值观，有利于你的身心健康，还会使你获得或巩固友谊。此外，帮助别人还有提升心境的作用，当受助者的痛苦消除并开始快乐起来的时候，助人者同样会受到这种情绪的感染，使自己也变得更加愉快。施予是一种能力！

一头驮着沉重货物的驴，气喘吁吁地请求只驮了一点货物的马："帮我驮一点东西吧。对你来说，这不算什么，可对我来说，却可以减轻不少负担。"

马不高兴地回答："你凭什么让我帮你驮东西，我乐得轻松呢。"

不久，驴累死了。主人将驴背上的所有货物全部加在马背上，马懊悔不已。

膨胀的自我使我们忽略了一个基本事实，那就是：我们同在生活这条大船上，别人的好坏与我们休戚相关。别人的不幸不能给我们带来快乐，相反，在帮助别人的时候，其实也是在帮助我们自己。

当然，大多数人都有一副乐于助人的热心肠。有的人生活困难，他们毫不犹豫慷慨相助；公共汽车上，主动给老弱病残让座；过马路时，总不忘记帮助年迈的人一把；遇到迷路的陌生人，他们总会给人家热心的指点……在他们眼中，帮助别人是一件非常快乐的事。看到别人因自己的帮助而摆脱困境，看到别人因自己的帮助而就此振作，看到别人因自己的帮助而高兴、快乐，有谁不感到幸福呢？这些爱帮助别人的人也时时处处被别人喜欢着，走到哪里，哪里就有朋友。在他们遇到困难时，也总会得到他人的热情帮助。

请记住，当你给朋友一份快乐时，你就拥有了两份快乐！伸出你的手，伸出我的手，让我们相互帮助，相互快乐，相互关怀，让我们人人都献出一份爱，让这个世界变得更加美好！

14. 帮助他人，体现美丽心灵

生活中，遇到挫折是在所难免的。每个人都会有面临困境，需要别人帮助的时候，因为跌宕起伏的人生不可能事事一帆风顺。没有人富有得可以不需要别人的帮助，也没有人穷得不能在任何方面给他人帮助。换一种角度考虑，其实帮助别人也就是帮助自己。想想那些舍己为人的英雄楷模，想想那些默默无闻的幕后英雄，我们就应该放开胸怀，去尽力帮助那些自己有能力帮助的人，多行一件好事，心中便会更加泰然。

付出其实是收获

在飘雨的天空下，你是否一个人撑着伞默默地走着？如果能为别人撑开雨伞，雨伞下便会拥有许多快乐和温馨。是的，其实在生活中，也许只是一句问候、一份关怀、一个微笑都将给他人和自己的心中带来无限温暖，带来无限希望，使我们的生活充满无限关爱，无限阳光。为别人撑开雨伞吧！你撑起的同时也是一片属于自己的晴朗天空。

又是一个阴雨连绵的午后，下个不停的雨让人情绪低落。一个老妇人走进匹兹堡的一家百货商店，漫无目的地闲逛着。售货员们都看出了她并无意购买，所以看了她一眼后，又都自顾自地忙着整理货架上的商品，生怕被老妇人打扰。

但是，一名年轻的男店员见到老妇人后，并没有回避，而是立刻上前礼貌地和老妇人打招呼，询问老妇人是否有需要他提供服务的地方。老妇人坦率地告诉年轻店员，自己只是进来避雨而已，并没有打算买任何东西。年轻店员听后，微笑着对老妇人说："即便如此，您仍然很受欢迎。"年轻店员陪老妇人聊着天，回答着老妇人的一系列问题。当老妇人要离开的时候，年轻店员将老妇人送到街上，并为老妇人把伞撑开……老妇人向年轻店员要了一张名片就径自走开了。这件事过了很久后一天，当年轻店员已经忘记了这件事时，他突然被公司老板叫到办公室，老板递给了他一封信。信就是那天到商店避雨的老妇人写来的，老妇人要求这家百货商店派这名年轻店员前往苏格兰，代表该公司接下装潢一所豪华住宅的订单。当年轻人接下这项交易金额数目巨大的订单后，才明白，原来这名老妇人竟然是美国钢铁大王卡耐基的母亲。

当年轻店员完成任务重新返回公司后，立刻得到提升。所以，为别人撑开雨伞，撑起的可能就是一片属于自己的碧海蓝天。

帮助他人是一种优秀的品质，当我们帮助他人时，我们自己也会感到高兴，会见到生活中一张张灿烂的笑脸。帮助他人，收获快乐，一直是社会上提倡的美德。当看到有人尊老爱幼，扶贫助残时，当看到有人拾金不昧，热心助人时，每个人的脸上都会绽放出灿烂的笑容。

是的，小到公交车上为老弱病残让座，大到国家之间的人道援助、经济扶持，生活中无处不体现着互相帮助的真实内涵。伸出一只手，也许不能擎起一片天，但只要能遮挡住丝缕阳光，别人就已经得到了一丝阴凉。

助人为乐一直是中华民族的传统美德，也曾涌现出不少令人敬佩的榜样：雷锋、丛飞……数不胜数，他们中有普通的工人，也有朴实的农民。他们都在用自己的行动和力量去帮助需要帮助的人，用自己的爱心去温暖这些人的心灵。社会的繁荣兴旺离不开人与人之间的互相帮助。许多工作也不是一个人就能完成，它需要大家通力合作，互相帮助，互相鼓励，才能圆满成功。当我们帮助了他人，一种愉悦的欣慰便会油然而生。如果世界充满关爱与帮助，那么生活给人的感受就像驰骋在一望无际的原野，令人心旷神怡，酣畅淋漓。

帮助他人体现美丽心灵

当你把最好的给予他人，也会从他人那里获得最好的。你付出的越多，你得到的也越多。你越吝啬，就越一无所有。只有那些乐于帮助他人的人才会得到别人的尊重。有一个大家都很熟悉的小男孩的故事，小男孩出于一时的气愤对母亲喊他很憎恨，然后，也许是害怕受到母亲的惩罚，他冲出家门，对着山谷喊道："我恨你！我恨你！"接着山谷也传来："我恨你！我恨你！"小孩很害怕，跑回家如实告诉了母亲，山谷里有个很可怕的声音说他恨他。母亲把小男孩带回山边，并要他喊："我爱你，我爱你。"小孩照着做了，而这次他却发现，有一个很好听的声音在山谷里对他说："我爱你，我爱你。"

生活就像是一种回音，你送给它什么它就送回给你什么，你播种什么就收获什么，你给予什么就得到什么。只要你付出了，就会有收获。当我们帮助他人的时候，我们付出的是自己对别人关心和爱护，就仿佛给别人的生命之树掬一捧清泉。助人为乐是不竭的动力，我们付出得越多，内心就会越充实，幸福感就越强烈，因为帮助他人是一种美好的品质，展现出我们美好的道德情操。

人字的内涵就是相互支撑，每个人的成长都离不开他人的帮助。正是有了长辈的关爱，我们才得以健康地成长；正是有了老师的启蒙，我们才找到了人生的方向；正是有了同学的帮助，我们才懂得了友情的珍贵。予人玫瑰，手中留香。每一个当代的青少年都应当向范鑫学习，认识到集体的力量，培养团队精神，团结同学，善于合作，与人为善，特别是真诚关心和帮助身边需要帮助的同学，在帮助他人中收获快乐。

15. 给予让你更加富有

贪婪是最真实的贫穷，给予是最真实的富有——无论在什么时候给予比索取都要重要。

如果有了贪欲，就会有争斗，就会有愤怒，就会失去理智。贪婪正是现代人的最大缺陷和痛苦的最主要原因。所以，在生活实践中，执著追求而不贪婪是一种生存智慧，给予而不索取则是一种人生态度。执著追求，及时给予，合理而不过分，正常而不极端，利己而不害人。

有些青少年因为贪婪，想得到更多的东西，却把现在的所有都失掉了。有些青少年却常常给予，反而得到了更多……

贪婪者最贫穷

每个人都有贪念，它是人的天性。世人如何不心安，只因放纵了贪欲。明末清初有一本书叫《解人颐》，对贪欲作了入木三分的描述："终日奔波只为饥，方才一饱便思衣，衣食两般皆俱足，又想娇容美貌妻。娶得美妻生下子，恨无田地少根基，买得田园多广阔，出入无船少马骑。槽头扣了骡和马，叹无官职被人欺。当了县丞嫌官小，又要朝中挂紫衣。若要世人心里足，除是南柯一梦西。"由以上的例子可以看出，人心不足蛇吞象，做人如果不能控制自己贪婪的本性，最终就会丧失自我，变成贪欲的奴隶。

以前，有个衰老的农夫不停地上山打柴，但还是常常受到妻子的奚落。这天，他幸遇"青春泉"，不仅解了渴，回到家后，妻子大为惊讶，因为他还变得年轻了许多。经过追问，方知是饮用了青春泉的缘故，于是，妻子迫不及待地也到那里，狂饮起来。可是，因为她贪得无厌，不知节制，终于从老年蜕变成青年，再蜕化成少年，最后竟变成了刚刚坠地的婴儿。当丈夫赶到泉边的时候，只好叹息着把她抱回，当做子孙来养育了。由于她的贪婪，最后违反了正常的生命秩序，变成了有待于重新开始灵智启蒙的新生儿——生存智慧的赤贫者。

贪婪者最贫穷。因为在你贪婪的时候，即已把生活中其他宝贵的东西掠夺了。比如，对物欲的贪婪，往往会挤掉人们珍贵的生理空间，就如同有些人把宽敞的新房变成了高贵的家具店，表面上看富丽堂皇，但是，却使有限的空间形成窘迫的局面；对精神层面的贪婪，往往会挤掉正常的伦理情感沟通，而成为荒漠中的孤独者，比如那些沉溺于网上虚拟天地的人，往往导致心理的闭塞，让精神生活产生极度的疲惫和失落。

生活中，贪婪之心不可有，因为一旦无休止地贪婪下去，容易让人产生苦恼、烦闷，生活也变得很不快乐幸福。有人曾讲过这样一个故事：一个小女孩在地上大哭，有好心人问她为什么要哭。她说："我的十元钱丢了！"于是，那人给了她十元钱，哄她不要再哭了，赶紧回家吧。可是，小女孩接过钱装好后，仍起劲大哭，似乎更加伤心。人们问她拿了十元钱后为什么还要哭呢？小女孩擦把眼泪后，说："如果原来的十元钱没有丢，现在我就有了二十元钱了！"可以看出，一个小女孩尚且对物质财物的占有欲这么强烈，心态是这么的不平衡，更何况那些比她年长的人呢，但反过来说，拥有强烈的贪婪之心有什么好呢，无非是给自己的生活注入点烦恼而已。所以，是你的，你就尽最大努力去争取，不是你的，就果断舍弃，何必自寻烦恼呢？

给予让你更加富有

不要总是期望从别人身上获得什么，应该想自己能够给予别人什么，付出什么样的服务与价值来让对方先得到好处。当你能持续这么做，并且帮助别人获得价值的时候，也就是你成功的时候了。因为那些曾经得到你给予的人会逐渐累积成一股巨大的力量，回馈给你所需要的动力与支持。

所以，在物质方面，给予就意味着自己很富有。不是一个人有很多才富有，而是给予人很多才富有。生怕失去什么东西的贮藏者，如果抛开物质财富的多少不谈，从心理学角度来说，这必是一个贫穷而崩溃的人。无论是谁，只要你能慷慨地给予，你就是个富有的人。你把自己的一切给予别人，从而体验到自己生活的意义和乐趣。

人人皆知，穷人要比富人乐于给予。但是贫穷如果超过某种限度的人是不可能给予的，同时，要求贫穷者给予是卑劣的。这不仅是因为贫困而给予会直接导致贫困者更加痛苦，而且还会使贫困者丧失了给予的乐趣。

给予本身也会给人带来一种强烈的快乐。在给予中，它不知不觉地使别人身上的某些东西得到新生，这种新生的东西又给自己带来了新的希望。在真诚的给予中，会无意识地得到别人给予的报答和恩惠。

有一名小学教师，教师节到了，一大群孩子争着给他送来了鲜花、卡片、千纸鹤……一张张小脸蛋洋溢着快乐，跟他们过节似的。其中，有一个礼物很特别，是用硬纸剪成的鞋子。看得出纸是自己剪的——周边很粗糙，图是自己的画的——图形很不对称，颜色是自己涂的——花花绿绿的，老师能穿这么花的鞋吗？图画的旁边歪歪扭扭地写着："老师，这双皮鞋送给你。"看看署名像是一个女孩——这个班级他刚接手，一切都还不是很熟，从开学到教师节，也就 10 多天。他把这双"鞋"认真地保管了起来，"礼轻情义重"啊！一次，他在批改作文的时候，才知道这个女同学送他这双"鞋"的理由。她在作文里是这样写的："别人都穿着皮鞋，老师穿的是布鞋，老师肯定很穷，我做了一双很漂亮的鞋子给他，不过那鞋不能穿，是画在纸上的，我希望将来老师能穿上真正的皮鞋。我没有钱，我有钱一定会买一双真正的皮鞋给老师穿。"这只是一个不到 10 岁的小女孩的心愿，这心愿是多么质朴啊！他的心不由为之一动。但是，她怎么知道穿布鞋是穷人的标志？他就亲口问了问她。那是一个很白净、很漂亮的女孩子，一双眼睛清澈得没有任何杂质。当她站到他面前的时候，他已经找到了答案。因为此时她脚上穿着一双方口布鞋，鞋的周边都开了胶，这双布鞋显然与他脚上的这双布鞋是不一样的。于是两人之间有了下面的问话。

"你父亲在哪里上班啊？"

"父亲待在家里，他下岗了。"

"你母亲呢？"

"我不知道，父亲说她走了。"

194

他的目光再次落到她脚上的布鞋上，那一双开了胶的布鞋。

他慢慢地拉开抽屉里，拿出那双"鞋"来。这时他感受出这双鞋的分量。

她怯怯地问，"老师你家里也穷吗？"他说，"老师家里不穷，你家里也不穷。"

"可是同学都说我家里穷。"她说。

他亲切地说，"你家里不穷，你很富有，你知道关心别人，送了那么好的礼物给老师。老师很高兴，你高兴吗？"

她高兴地笑了，笑得是那么纯。

你和老师穿相同的鞋子，你开心吗？

她使劲地点了点头。

他带着她向教室走去。他问同学们知道老师为什么穿布鞋吗？有的同学说好看；有的说透气，因为他自己的奶奶也穿布鞋；有的同学说健身，因为他自己的爷爷晨练的时候就穿布鞋。很出乎意料，并没有人说他穷。于是，他说穿布鞋是一种风格，透气、舒适、对健康有益。这位老师还告诉他的学生，脚上穿着布鞋心里却装着别人，是最让他感到幸福的！

真正富有的人才能给予别人幸福，而能给予的人是不会贫穷的。由此说，给予最重要的意义并不是物质方面的，而是人性方面的。一个人能给予另一个人什么东西呢？比如，一个人把自己的生命给予别人，但这不一定意味着他为别人牺牲自己的生命，而是把他自己身上存在的东西给予别人，把自己的快乐、兴趣、同情心、谅解、知识、幽默、忧愁——把自己身上存在的所有东西的表情和表现给予别人。在他给予别人的时候，不仅增加了别人的生命价值，还丰富了别人的生活。因此，给予使人更加富有。

16. 付出的人生是完美的

在生活中，人们总是想办法去获得却不愿付出。但是如果你把眼光放长远一点，你就会发觉，原来付出也是一种收获。人们常说："一分耕耘，一分收获"。没有付出，何来的收获。有付出才会有收获，唯有不断流动更替的水才会充满氧气，如此鱼儿们才会有舒适的生存空间，为湖泊增添生命活力。有舍才会有得，只要不吝于付出，在付出的同时，我们便能腾出新的空间，容纳新的机会。付出也是一种幸福，人生最大的满足就是付出。

付出，也是新一代青少年的使命与价值。

付出是一种快乐

街上走着衣衫褴褛的兄弟俩，一个五岁，一个十岁，他们从农村到城里讨饭。俩人饥肠辘辘地来到一户人家的门口，可他们的乞讨之路并不顺利。这家人在门口说："自己干活挣了钱才有饭吃，不要来麻烦我们。"俩人走向旁边的一家，这家人在门缝里说："我们不给叫花子任何东西。"

在遭到无数次的拒绝和斥责后，哥俩很伤心。最后一位好心的太太对他们说："可怜的孩子，我去看看有什么东西能给你们吃。"过了一会儿，她拿了一罐牛奶送给他们。这可乐坏了这小哥俩，他们像过节一样高兴，坐在马路旁享受起他们的佳肴。弟弟半张着嘴望着哥哥，用舌头舔着嘴唇，说："你是哥哥，你先喝。"

这时，哥哥拿着奶罐假装喝奶的样子，其实他紧闭双唇，没让一滴牛奶入口。然后他把罐子给弟弟，说："现在轮到你了，你只能喝一点点。"弟弟拿起罐子喝了一大口，说："牛奶真好喝。"哥哥接过罐子，假装喝了一口，又递给弟弟。奶罐在两人手中传来传去，哥哥一会儿说："现在轮到你了。"一会儿说："现在轮到我了。"牛奶终于喝完了，哥哥却一滴未喝，但他的内心是快乐的。因为付出的人得到的回报是幸福。

付出与快乐是一对孪生姐妹，没有付出，就没有快乐，反言之，要想获得快乐，就必须得去付出。有些青少年爱占便宜，看见别人的东西好，总想据为己有图一时之乐。有些甚至去觊觎的国家财物，总有非分之想，到头来银铛入狱，快乐没有了，只有苦役。

没有付出，是没有收获的。所以，想要索取快乐，最终非但品尝不到快乐，反而咀嚼的却是失去自由的痛苦。正如"要想知道梨子的滋味，只有亲口尝一尝。"很多的快乐也是这样的。只有身体力行，方能享受得到。

学会付出，便会拥有快乐。

付出是收获的前提

曾有一个人在沙漠里行走了两天，途中遇到沙尘暴。一阵狂沙吹过之后，他已认不得正确的方向。正当快撑不住时，突然，他发现了一幢废弃的小屋。他拖着疲惫的身子走进了屋内。这是一间不通风的小屋子，里面堆了一些枯朽的木材。他几近绝望地走到屋角，却意外地发现了一台抽水机。

他兴奋地上前汲水，却任凭他怎么抽水，也抽不出半滴水来。他颓然坐地，却看见抽水机旁，有一个用软木塞堵住瓶口的小瓶子，瓶上贴着一张泛黄的纸条。纸条上写着：你必须用水灌入抽水机才能引水！不要忘了，在你离开前，请再将水装满！他拔开瓶塞，发现瓶子里果然装满了水！

他的内心，此时开始了激烈的交战——如果自私点，只要将瓶子里的水喝掉，他就不会渴死，就能活着走出这间屋子！如果照纸条做，把瓶子里仅有的水倒入抽水机内，万一水一去不回，他就会渴死在这地方了——到底要不要冒险？

最后，他决定把瓶子里仅有的水，全部灌入看起来破旧不堪的抽水机里——他用颤抖的手汲水——水真的如喷泉似的涌了出来！

他将水喝足后，把瓶子装满水，用软木塞封好，然后放在原处，并在纸条上加上了他自己的话：相信我，真的有用；在取得之前，要先学会付出！

不要去怀疑付出没有收获，尽管去做吧，提前的付出也许会获得意想不到的收获！把奉献放在前头，你才有收获的机会！只有甘愿多付出，才能收获回报。

日常生活中，做人如此，做事如此，与他人之间的交往亦如此。

事实证明，心底越无私，越坦诚与人交往，赢得的友谊就越多越深厚。因为你的付出，不仅是物质上的舍弃，更是一份情感上的真诚。你以真诚和无私对待他人，必然会收获友谊，赢得他人的尊重和关爱。这种人与人之间的相互支持帮助，就是一笔无形的财富。这正像某位哲人所说的："你希望别人怎样对待自己，你就要首先怎样对待别人。"

付出是一种人生的修养。付出是给予、是奉献，是无偿的。这种"付出"使别人得到快乐、满足，而自己也会从他人的欢快与欣慰中得到精神上的满足与幸福。

没有付出就没有收获，也别妄想以较小的付出获得巨大的收获和成功，要想有超乎常人的收获，就必须有超乎常人的付出。希望青少年朋友能牢记这一使命，成为理想远大的新一代。

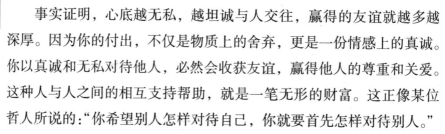